中华先烈人物故事汇

简大狮

主编 张海鹏
副主编 赵兴胜
编著 包德强

学习出版社

目 录

Contents

引　子

简大狮是我国台湾著名的抗日志士。1870 年，简大狮出生于台湾淡水县一个农民家。在他 24 岁时，中日甲午战争爆发，清政府战败，被迫与日本签订丧权辱国的《马关条约》，将台湾及澎湖列岛割让给日本。

台湾是中国神圣不可分割的领土。早在元朝初年，元廷在澎湖设巡检司，管理澎湖、台湾民政。明朝初期沿用元制，仍设澎湖巡检司，隶属于福建省泉州府晋江县。清朝统一台湾后，于 1684 年置台湾府，隶属福建省。鸦片战争以后，英、美、日、法等列强入侵中国，台湾成为“南洋之枢纽”“七省之藩篱”。中法战争后，清政府进一步认识到台湾地位的重要性，开始筹备建省事宜。1885 年 10 月，清政府正式成立台湾省，刘铭传为首任巡抚。台湾建省后，分别设台北、台湾、台南等三府和一直隶州，下令十一县三厅。简大狮出生地淡水县隶属于台北府。

简大狮的祖上是大陆移民。台湾的原住民是高山族。元明时期开始，大陆移民到台湾定居，从事开垦、贸易。郑成功统治台湾时期，台湾的大陆移民进一步增加。清朝统一台湾后，开始有大量的大陆移民定居台湾，其成分主要是福建、广东的移民。简姓是台湾的一大移民姓氏，其移民台湾的历史可追溯到郑成功收复台湾时期，主要来自福建漳州、广东潮州等地。

台湾自古有宝岛的美誉。台湾为世界第三十八大岛屿，其中七成为山地与丘陵，平原则主要集中于西部沿海。台湾地形海拔落差大，气候介于热带与亚热带之间，景观优美，自然资源丰富。再加上重要的地理位置，自 16 世纪开始，台湾成为外国觊觎的对象。

其中，日本觊觎台湾已久。早在 16 世纪末 17 世纪初，日本一度派军舰骚扰台湾。19 世纪 60 年代，日本明治维新，国力迅速增强，开始向南北方向扩张，即所谓的“南进”与“北进”。作为“南进”的一环，1874年，日本利用“牡丹社事件”，吞并了琉球，为进一步侵略台湾做准备。1894年，中日甲午战争爆发，清朝战败，被迫与日本签订《马关条约》，将台湾割让给了日本。

虽然清政府将台湾割让给了日本，但台湾人民并不愿做亡国奴，不接受日本的殖民统治。对此，日本政府决定武力接收台湾，派海陆大军入侵台湾。1895年5月末，日军在台湾北部登陆。其后，一路南下，花费将近半年时间，于同年10月侵占了整个台湾岛。这一时期也是台湾官军与义军（即义民军）共同进行反侵略斗争时期。10月下旬，日军侵占台南，台湾地区由官府领导的反侵略斗争最终失败，官军撤回或被日军遣送回大陆。

正在日本殖民当局得意地宣布“全岛已归平定”之时，台湾各地义军的抗日武装斗争拉开了帷幕。义军的武装抗日斗争覆盖了整个台湾岛，前赴后继，持续了7年之久，给予日本殖民统治沉重的打击。在这期间，涌现了众多的抗日英雄人物，比如台湾北部的胡阿锦、陈秋菊、林李成、林火旺、简大狮、卢锦春、詹振、徐禄等，台湾中部有柯铁、张大猷、简水寿、简宜等，南部有林少猫、郑清等为代表的抗日义军首领。

简大狮是台湾北部抗日义军著名首领之一。自 1895 年 5 月在三貂角阻击日军登陆一直到 1900 年 3 月被日军杀害，简大狮一直坚定站在抗日的立场上。简大狮，行侠仗义，又沉伏矫捷，灵活冷静与日本殖民当局周旋。简大狮的武装抗日斗争大致可分为以下 3 个阶段：第一阶段为简大狮与群雄联合抗日，第二阶段为北部抗日斗争进入低潮情况下仍坚持抗日，第三阶段为退居大陆，仍筹划抗日复台。然而，这位百折不挠的抗日志士、“生为大清之民，死作大清之鬼”的简大狮却被清政府抓捕并引渡给台湾的日本殖民当局，最终惨死在日本殖民者手中。

01

祖籍福建，生于台湾

简大狮，原名简忠浩，生于台湾淡水县，祖籍是福建省漳州府南靖县梅林乡长教村，是长教简氏不祧之祖简德润的裔孙，三世祖简宗鉴的后代，十四世祖简祭球的曾孙。

简氏家族以春秋时期周大夫简师甫为始祖。春秋五霸之一晋文公称霸时，简师甫替周襄王解围护驾有功，其子孙后代以谥号“简”为姓氏。后经过战国时期的兵荒马乱和秦朝的迁民政策，简氏家族迁居涿郡（今河北涿州）。东汉末年，简雍追随刘备入四川，建立蜀国，子孙繁衍。到了隋朝，在四川设置简州（今四川简阳市），简雍被其后裔尊为简氏一世祖。五代南唐时期，简雍第二十七代孙简庆远离开四川，前往袁州（今江西宜春市）任太守。此后，留居江西，成为简氏江西一脉。南宋初年，金朝攻宋，简雍第三十三代孙简会益避祸迁至福建建宁府。至蒙古攻宋时，简会益第四代孙简永同又避祸迁至上杭县太平里洪源村。元朝末年，简会益第九代孙简德润迁居南靖县梅垅坡（今南靖县梅林镇）。

简德润生于元朝至顺四年（1333），卒于明朝永乐九年（1411）。元朝至正十一年（1351）年群雄并起，兵荒马乱，简德润避居漳州南靖，在梅垅坡设馆授徒，并结识邻村张窑的大户张进兴。张进兴有一独生子，未成年即死，其幼媳未婚而寡。张进兴听闻简德润“仁贤未取”，遂以媳为女，请求简德润入赘张家，并允许保留其简姓。“张窑”是长教村的古称，当地人称“长教圩”，也称“长教市”，因为这一带是闽南语与客家语交融之地，客家话“市”与“圩”同义。简德润入赘后，人丁兴旺。长教村的简氏到了第四代开始向外移民，移入地主要有邻村、邻县、外省及东南亚。第四代的南洋子孙筹集款项，在长教村修建了一座大宗祠，奉简德润为“长教开基一世祖”。明清以来，长教简氏男丁外迁人数已达到 1327 人，其中向台湾移民有 647 人，将近男丁总数的一半。

长教村简氏第十四世孙简祭球一度迁往福建葛竹洋地方务农。民族英雄郑成功屯军金门、厦门两岛，等待时机收复台湾的时候，长教简氏许多乡人参与出师台湾，驱逐荷兰侵略者，帮助郑成功收复了台湾。收复台湾后，简祭球率众迁往台北、桃园、草山、嘉义、南投、双溪一带，垦荒务农，定居台湾。

简忠浩是简祭球第四代曾孙，1870 年出生于台湾淡水县。这一时期，日本正在筹划侵略琉球和台湾。1871 年 11 月 30 日，琉球王国两艘贡船从宫古岛出发，运送年贡物品去首里城，返回途中遭遇台风，漂流到台湾南部高山族聚居的牡丹社地区。其中一艘“八重山号”贡船获救，45 名船员被当地官民护送到台湾府城。另一艘“太平山号”贡船在台湾南部北瑶湾触礁沉没，船上的 69 名船员中 3 名溺死，其余 66 名船员泅水上岸，与当地高山族部落发生冲突，结果 54 名船员被杀害。幸存下来的 12 名船员在官府的保护下，被送到台湾府城，与那里的“八重山号”贡船的船员一起途经福州被送回琉球。这是中国与日本之间近代史上的重要外交事件，称为“牡丹社事件”。

“牡丹社事件”成为日本侵犯台湾的绝好借口。1872 年 9 月，“牡丹社事件”过后 10 个多月，日本鹿儿岛县参事官大山纲良向日本外务省提出派遣军舰到台湾的建议，日本国内开始讨论侵犯台湾的问题。时任日本陆军驻鹿儿岛部队司令，后来成为日本驻台湾第一任总督的桦山资纪大力支持派兵侵犯台湾。1873 年，桦山资纪赴台湾“考察”，为日军侵犯台湾做准备。1874 年，日本政府别有用心地宣称台湾番地（指台湾高山族居住地区）是清政府无法有效管理的地区，并借口惩办伤害“日本属国难民”的台湾“生番”，决定出兵台湾。同年 5 月，日军在台湾南部登陆。清政府与日本通过几个月的交涉，终于 10 月 31 日在双方承认“番地属中国版图”的前提下，签订了《北京专约》。《专约》规定：清朝承认台湾“生番”曾对日本国属民等妄为加害，日军出兵是“保民义举”；赔偿日本白银 50 万两；日军撤出台湾。按照《专约》的规定，12 月，日军撤出台湾。

简忠浩一生所抗拒的日本侵略者，在他出生后不久就已经沾染过他的故土台湾。当然，幼小的简忠浩无法体会这一点。

简忠浩长大后与乡人一同回到福建祖籍长教村探亲。这时正值当地人民筹划开设武术馆。简忠浩对武术也很感兴趣，于是随同故里青年 10 余人，选定长教村简氏大宗祠为“学武堂”，聘请江西武术行家当师傅，订立三年出师的合约。其中一条规定:“学徒武术赢过师父者免交学徒金。”

简忠浩年方弱冠，身材魁梧，力气惊人。有一次，梅林下大雨，山体滑坡，一棵百年大树歪倒在道路上，众人只好绕道爬山而行。简忠浩听闻后，赶到大树旁，使足全身力气，把大树拖到路边。见到这一情景的村民无不称他为“大力士”。简忠浩还能举起学武堂门口的石雕雄狮，绕学武堂走一周。大家赞誉他力大过狮，称他为“大狮”。从那以后，他以“简大狮”扬名远近，而原名简忠浩渐渐被淡忘了。

简大狮成长的年代，正是中国半封建半殖民地时期。无论是出生地淡水，还是祖籍长教村南面的港口厦门，都已经开放成为通商口岸。在这些通商口岸，越来越多的外国人前来居住，有经商的，有传教的，都享受着很大的特权。有一次，简大狮在厦门街头偶然看见一位中国人被外国人欺负，旁边的中国人却袖手旁观，甚至神色自若，怡然自得。简大狮见此情景，非常愤怒，立即上前给旁观的人一个耳光，并怒骂道："看同胞被外国人欺负，不引以为耻，还能在旁边看得大笑，实在是太无耻了。"这时，那位外国人看到简大狮义正词严，很快讪然离去。简大狮对外国人的专横跋扈早已痛心疾首，只是苦于受到不平等条约的限制，不能轻易出手。

简大狮手脚敏捷，学武仅仅两年，就能飞檐走壁，能抵住两边各 4 个沙包的夹击，武术之高强，已赢过师父。他的师父根据最初的约定，不敢收取学徒金，并且不辞而别。简大狮知道后，追赶上师父，交足学徒金，欢送荣归，以尽师徒之礼。

简大狮学武出师后，凭借自身的武艺，走遍

漳州、石码、厦门，游走演武，招收学徒，广交义友。简大狮待人接物彬彬有礼，对于市井之徒或佣工，都能待如上宾。他口才出众，胜过书家子弟。

不久，简大狮重渡台湾，与阔别多年的家人团聚。后来，在宜兰城和头围堡等地广收学徒，演武卖药，急公好义，不怕权贵，爱打抱不平。中法战争后，台湾守军协台陈辉煌奉命驻防苏澳地区，以防外敌入侵。简大狮怀着保家卫国的赤子之心，毅然加入陈辉煌麾下的勇营，成为台湾兵队的一员。

02 日军侵台，军民抗敌

1894 年 7 月，中日甲午战争爆发。战争在台湾 2000 公里之外的大陆北方进行，在台湾的感受并不强烈。较能切身感觉到的就是清朝加强了台湾的防务，将台湾巡抚邵友濂调离，任命唐景崧为台湾巡抚，并先后命令福建水师提督杨岐珍和广东南澳镇统帅刘永福各自率领部队进驻台湾，协助巡抚加强台湾防务。

甲午战争爆发 9 个月后的 1895 年 4 月 17 日，中日两国签订了停战和约，即中日《马关条约》。该条约第二条规定：中国将台湾全岛及所有附属岛屿、澎湖列岛割让给日本。

这消息一传到台湾，台湾人民相顾愕然，不

仅感到不安，而且甚是愤慨。台湾人民与敌人不消说兵戎相见，就连影子都没见过，为何将台湾割让给东海蛮夷倭寇呢？对此，台湾民众尤其像简大狮一样土生土长台湾本岛人都难以理解，愤愤不平。但是，战败的清政府无暇理会台湾人民的激愤与困惑，于5月8日正式批准《马关条约》。

台湾人民真正感受到战争是在中日战争接近尾声的1895年3月23日。这一天，日军登陆澎湖，短短3天内占领全部澎湖列岛。5月25日，负责侦察任务的两艘日本军舰“高千穗号”和“浪速号”出现在淡水港海面，随后被清朝守军开炮驱逐。这是台湾本岛人及守军自从甲午战争爆发以来第一次接触日本海军。

5月20日，清政府解除了唐景崧的台湾巡抚职务，命令他及所有在台文武官员全部撤回大陆。台湾绅商眼看清朝割让台湾已成事实，无挽救余地，因此多次协商应对办法，决定自主采取行动，于5月23日成立了“台湾民主国”，共推原台湾巡抚唐景崧为总统，副总统由台湾士绅丘逢甲担任，刘永福被授予“民主国大将军”，准备抵抗日军接收台湾。

5月10日，日本政府任命1873年曾经到台湾调查的海军大将桦山资纪为台湾总督兼任台湾的陆海军军务司令官。桦山资纪同时被任命为接收台湾的全权委员。5月22日，桦山资纪在东京成立台湾总督府，并准备接收台湾。

5月29日，日军禁卫师团与新任台湾总督桦山资纪等殖民总督府人员乘坐轮船向台湾进发。日军禁卫师团先遣部队首先在台湾北部澳底登陆。澳底附近的“台湾民主国”守军约有400人，阻击日军不利，纷纷撤退。6月2日，日军向瑞芳进发。瑞芳与基隆近在咫尺，如果瑞芳失陷，基隆则危在旦夕。而且基隆是台湾北部重要海港，也是台北门户。因此“民主国总统”唐景崧由基隆紧急调派援军，赴瑞芳阻击日军。但是，战斗仅持续了一小时，守军抵抗不力，瑞芳失陷。同日下午，在日本海陆军配合夹攻下，基隆陷落。到傍晚，基隆西边的狮球岭高地也落入日军手中。

中日《马关条约》第五条规定：“台湾一省应于本约批准互换后，两国立即各派大员至台湾，限于本约批准互换后两个月内交接清楚。”条约是在5月8日签订的，因此7月7日为交接最后期限。但日本政府急于尽早交接，屡屡电催清廷。清朝官员中无人愿意承担这一耻辱性的任务，清廷最后选派了李鸿章的儿子李经芳为台湾交接大员。签订《马关条约》时他也是列席人员之一。日方的交接代表是台湾第一任总督桦山资纪。台湾人民视李鸿章父子为卖国贼，早已恨之入骨。这次交接，出于安全考虑，李经芳乘坐的船只悬挂德国国旗，且不敢登陆台湾岛。因此，李经芳与桦山商议后，在基隆港海面的日本军舰上匆匆进行了交接仪式。交接仪式完成后的第四天，即6月6日，桦山资纪在基隆登陆，同时船上的总督府也迁到了基隆港。从此，日本在台湾的殖民政府——台湾总督府开始在台湾岛上发号施令。

基隆、狮球岭相继失陷后，台北陷入一片混乱。唐景崧及其幕僚也无意采取其他积极的抵抗策略。在基隆失陷后的第二天黄昏，唐景崧及其亲信在几名卫兵的保护下，悄悄地快步走出官邸，趁着夜色赶到淡水港，乘坐停在那里的德国商船，渡海回到大陆。唐某出逃的消息一经传出，台湾的其他官吏及士绅们也跟着相继觅船逃向大陆。其中包括“台湾民主国”积极策划人，义军统帅丘逢甲在内。

唐景崧弃职出逃后，台北的混乱局面已达顶点。兵勇们纷纷拥入官邸，打破银库，哄抢库银及其他任何值钱的财物。就连城墙上的大炮也被拆下来拉到街上叫卖。街上呈现互抢、互杀的情景。从基隆、狮球岭败退的士兵进入台北，无人迎接、无人安抚，更无人支付饷银。在混乱中他们也加入抢掠的行列，眼看银库已毁，无银可抢，便在废墟中寻找财物，甚至街市民房都未幸免。

在这治安极度混乱时刻，一些现象不得不提。因为，它对日后的简大狮等义军的抗日斗争产生了很大影响。台北的一些绅商大户在混乱时刻为了保护生命财产，集会商讨对策。但因苦于手中没有武器，对那些失去约束的散兵游勇无可奈何。大家一致认为唯有日军才能控制住局面，使台北安定下来。因此，决定派出代表联络日军，让其尽早进城维持治安。一位名叫辜显荣的人，被推为与日军接洽的代表，前往基隆的日军司令部，见到了台湾总督府民政长官。辜显荣详细介绍了台北街市的情况，并说："台北府所在的清廷文武官员皆已逃去，而且无一兵一卒，街上土匪乘机蜂起，到处掠夺，制造混乱，情况极为严重，迫切希望日军前往加以镇压。"在这些绅商大户看来，身家财产才是第一位的，谁能保护他们的财产，他们就拥护谁，即便是侵略他们家园的敌军也无所谓。在不久之后的义军抗日斗争中，这些绅商大户中的相当一部分人往往充当日本人的眼线，屡屡出卖义军。

日军以辜显荣为向导，于6月7日顺利侵占台北城，并继续攻占了台北附近各要地。10日，日军占领淡水。三四天后日军已经侵占了以台北为中心的台湾北部地区，并将投降的清军通通遣送大陆。日军禁卫师团司令部和桦山资纪的殖民总督府分别于11日及14日进入台北城。6月17日，台湾殖民总督府举行了始政典礼，日本在台湾的殖民统治正式开始。

日军侵占台湾北部以后，筹划南进，目标为台南，以占领整个台湾岛。桦山资纪在澳底登陆后，胸有成竹地认为：“由此略取基隆，续向台北推进，终于打垮所谓新政府”，就可平定台湾全岛。他对台北的“民主国”政府似乎有所了解，但对整个台湾岛情况则完全不了解。桦山在其始政典礼上致辞：“如今依我国战胜结果而取得之台湾及澎湖岛，已完全归入大日本帝国之新版图，成为沐浴皇化之地。资纪叨蒙圣明之眷遇，应受台湾总督大任，前来担任本岛绥抚之责，虽然受到残留清军的抗拒骚扰，幸而一举之下悉皆扫平。本日于兹举行台湾岛始制之祝典。资纪自今而后，将日夜惕励心志，保护本岛居民之安宁及推展福祉，以奉答圣明之殊恩。”不过，接下来的事实证明，桦山资纪得意未免太过早了，他远远低估了台湾人民的反抗意志。

向南部进犯的日军遇到的情况与北部完全不同。日军占领北部各城镇时，守军多为唐景崧出任台湾巡抚后为加强防御而从大陆招来的清军。这些清军对台湾没有故土之情，多数是为了军饷而来。尤其是清廷将台湾割让给日本以后，驻防台湾的清军将士已无坚定的意志去抗击日军。就这样，日军以极小的代价侵占了台湾北部。而日军向南进犯途中，遭到的抗击多数来自台湾本岛人，他们是由当地民众组成的抗日自卫军，称为义民军或义军，有强烈的守土责任感和使命感。日军南犯以后才发现，台湾人民的顽强抵抗才刚刚开始。在台湾总督看来，义军是扰乱治安的“匪徒”，因此故意不把他们视为战争对手，不顾他们的反抗意志而一律予以剿灭。但是，就是这些台湾人民组成的义军，让日本侵略者尝尽了苦头。

1895 年 6 月 19 日，日军先遣部队由台北向新竹进犯。义军一路阻击日军。义军虽然人数少，装备也极差，但与清军兵勇完全不同，他们个个勇猛向前，顽强抵抗。日军到达新竹北方的大湖口村时，义军一部分潜伏在草丛、树林里射击，一部分以房屋、院落为屏障，与日军激战一整夜，有效抵挡了日军。日军不得不以步兵和炮兵配合作战。在日军大炮的轰炸下，义军苦战不支，退出村落，潜入山林。22 日，日军侵占了新竹。义军知道与装备精良、训练有素的日军很难正面对抗，因此，潜伏山林，利用有利地形，给予日军出其不意的打击。侵占新竹的日军派遣 5 名骑兵向台北殖民当局报告军情。义军不失时机地将这 5 名日军击毙，一度阻断了新竹与台北间的通信。25 日，退出新竹城的义军 600 余人在首领姜绍祖的带领下，分成若干梯队，连续展开攻击。虽然难与日军优势火力对抗，未能夺回新竹城，但打死了日军 250 余人。义军前仆后继、毫不畏惧的战斗精神对守城日军形成很大的压力。

在义军的阻击下，日军的南进战斗陷入泥潭。桦山资纪不得不改变作战计划，本想将禁卫师团的一部分兵力从海路派往台湾南部，在那里登陆并占领台南，然后北上，与陆路南下的部队形成夹击攻势来完成对台湾全岛的占领。但是南下军队在新竹受阻后，桦山不得不将海路南下的军队立即调回，支援陆路军队。海上的部队于 7 月 2 日回到台北。为了扫除后顾之忧，7 月 14 日，日军派出第二批南下部队，扫荡台北与新竹之间的义军。三角涌、大嵙崁一带是义军活动频繁，抗击日军最强烈的地区。日军在上述两地实施了残酷的“大扫荡”。但是，英勇的义军到处攻击日军，并一次全歼 600

人的日军运输部队，使日军无法按计划前进。

此时，台北地区的民众也行动起来，与义军结合，矢志重新夺回台北。虽然规模较小，但也使日军疲于奔命，无法集中兵力南下。桦山只好暂缓由新竹继续南下的计划，集中兵力扫荡北部义军。7月22日，日军增援部队再次由台北出发，至此，日军南下兵力已达到1.5万人。日军在三角湧、大嵙崁一带不分青红皂白地进行“扫荡”，杀害无辜百姓5000余人，焚毁民房七八千栋。8月3日，日军到达新竹，北部大扫荡告一段落。经过此次扫荡，义军遭受很大损失，但是日军的残酷大屠杀激起了台湾人民更为激烈的抵抗。台湾人民前仆后继，英勇抗日，使日本的殖民统治长期不得安宁。

因为台湾人民的激烈抵抗，桦山资纪改变了起初的文人统治计划，于8月6日宣布实施军政统治。桦山呈请日本政府，调来伏见亲王率领的第四混成旅团负责北部侵占地区的治安；又调来乃木希典中将率领的第二师团加入南犯作战。台湾的日军兵力达到了4.5万人。

8月7日，新竹的禁卫师团与增援的第二师团

一同向南进犯，13 日到达苗栗。苗栗附近的义军在首领吴昌台的率领下在将军山阻击日军。苗栗民众不分男女，积极参与义军行列，英勇抗击日军。这次战斗中，义军共打死日军 150 余人。同时义军也阵亡 200 余人。为避免进一步伤亡，吴昌台义军化整为零，退入山中。14 日，苗栗陷落。

24 日，侵占苗栗的日军兵分左右两路，继续南犯。左路部队从山路进攻台中，右路部队沿海岸线攻占彰化。义军在台中郊外零星地打击日军，但因只有 1/5 左右的人持有枪械，其余则手持山刀、菜刀、番刀等武器，以牺牲 100 多人的代价打死日军 27 人。最终义军不敌，台中失陷。义军与守军配合，沿海岸线一带处处阻击日军右路部队，有效减缓了日军进犯速度，使日军在台中失陷后的第四天才得以侵占彰化。

日军占领彰化以后，军中疟疾流行，一度无法继续南犯。到 9 月底，近卫师团的官兵 4/5 染上疟疾，1500 余人病死，南犯日军兵力大大减弱。

10 月 5 日，桦山资纪下达了继续南犯的命令。日军从彰化开拔，侵占目标为嘉义。

彰化与嘉义之间的他里雾（现名斗六）和大埔林（现名大林）是义军重点防守之地。他里雾的义军有 700 人，痛击来犯的日军一营兵力。不久，日军增援部队赶到，义军抵抗不支，撤出他里雾。义军撤退后，重整部队，组织了一次颇有成效的反攻，消灭敌军 120 人，收复了他里雾。被击退的日军，连夜反攻，再度侵占他里雾。

大埔林的义军更是给了日军迎头痛击。在侵台日军接近大埔林时，大埔林义军首领简精华一度感到台湾人民已经牺牲太多，终不能抵抗日军，遂产生了投降的念头。不料，日军为了证明简精华投降的诚意，竟要求他献出 300 名妇女作日军的慰安妇。对日军的无理要求，简精华断然拒绝。日军施以报复，强奸简氏家族妇女 86 人。简精华彻底断掉投降的念头，对日军恨之入骨，矢志消灭日军，立即向民众发出檄文，重组义军。民众见日军残暴，纷纷加入简精华的抗日义军。日军南犯部队到达大埔林时，义军顽强阻击，消灭日军 276 人。日军不得不动用大批炮兵，并在援军的支援下攻陷了大埔林，但被义军打死 1000 余人。

到了10月，日军制订出三路包围台南的详细计划。一路为近卫师团，经嘉义从北面逼近台南。一路为乃木希典率领的第二师团，先于澎湖集结，再由台湾最南端的枋寮登陆，从南面进攻台南。一路为第四混成旅团，由台南北方50公里处的布袋嘴登陆，沿海岸线进攻台南侧面。10月1日，日军第二师团从澎湖，第四混成旅团于3日从基隆、近卫师团从彰化同时向台南进犯。三路日军总兵力达到了4万人。

10月10日，第四混成旅团和第二师团在海军军舰的炮火掩护下分别在布袋嘴和枋寮登陆。10月19日，近卫师团进攻嘉义。守军将领刘永福叔父刘步高率领以原清军为主力的守军，坚持抵抗6小时，打死日军100多人，守军也阵亡400多人。刘步高见守军损失惨重，下令撤退，嘉义失陷。至此，日军对台南形成了三面夹击的态势，台湾人民的一场最为惨烈、最为悲壮的抗日战斗即将展开。

日军在布袋嘴登陆，义军英勇地阻击来犯的敌人，战斗的惨烈与悲壮，惊天地泣鬼神。杜子头庄、铁线桥、倒枋藔、东石港、萧垅等地义军视死如归，奋勇抵抗。义军中有妇女，有沿路百姓，虽如飞蛾扑火，但毫不畏惧，打死日军千余人。针对台湾人民的英勇抵抗，第四混成旅团实施残酷的焦土战术，屠杀村民，烧毁房屋，将所过村庄夷为平地。沿途清军，虽然武器装备比义军优越，但远不如义军勇猛。即便如此，也让日军付出了死亡1890人的代价。

在枋藔，义军顽强抵抗乃木希典率领的日军，使日军登陆进程一度受挫，在第二天深夜才完成登陆。义军潜伏在房屋内、草丛里、山林中，暗中射击，登陆当日就打死日军628人。但是，义军的伤亡远比日军惨重，无法抵挡训练有素、装备精良的日军。日军继续向北进犯，攻打打狗（即高雄）。守军是由刘永福义子刘成长率领。战斗一打响，刘成长即举白旗投降。日军毫无伤亡，轻易侵占了打狗。

10月20日，日军第二师团和第四混成旅团推进到距台南10公里的地方。近卫师团也抵达台南北边。

这时台南城内人心惶惶，有能力的人均出逃大陆，掀起一股逃亡浪潮。台南的“台湾民主国”大将军刘永福孤立无援，眼看大势已去，决定撤离台湾。10月19日夜晚，刘永福潜入英国轮船，退回大陆。随之而来的是台南城内的极度混乱，景象与当初唐景崧弃职退走后的台北城如出一辙。10月21日，日军先遣部队进入台南城。22日，第二师团、第四混成旅团和近卫师团陆续进城。台湾全岛具有统一领导的抗日武装斗争随着刘永福的退走和台南城的陷落而终归失败，台湾全岛已被日军侵占。1895年11月18日，桦山资纪电告日本政府:“全岛已归平定”。

虽然日军在优势兵力下占领了台湾岛，但台湾军民的英勇抵抗，使日本侵略军付出了巨大的代价。日本在侵占台湾的战斗中先后动用了两个半师团，约5万人的兵力，军夫约2.6万人，战马9400多匹。当时日本陆军有7个师团，侵占台湾的日军占总数的1/3还多。海军方面更是投入了日本联合舰队的一半兵力。台湾军民在武器装备和军事训练方面远不如日军的情况下前仆后继，英勇抵抗，共消灭日军4600余人，打伤2.7万余人。这比甲午战争中日军伤亡总数还多一倍。侵台的日军主力近卫师团更是损失惨重，团长日本皇族北白川宫能久亲王也死在台南城，一说为感染疟疾死亡，一说为被义军杀手刺杀。

03

日本殖民，大狮联合群雄抗日

乙未岁末，围攻台北

“台湾民主国”成立后，唐景崧广招兵勇，简大狮应召，成为抗日义军首领林火旺麾下的一个领队。日军在三貂角的澳底登陆时，简大狮带领五六十名义军英勇抗击。因双方实力悬殊，义军被打散。为避开敌人的搜捕，简大狮潜入煤矿，等待时机，再举抗日义旗。

日军侵占台南以后，桦山资纪宣布“全岛已

归平定”。但是日军控制的范围只限于主要城市和交通线，广大的腹地和乡村尚未被日军控制，小规模抗日斗争仍此起彼伏。

台湾有宝岛的美誉，物产极为丰富，台湾的砂金、樟脑、香蕉、糖等都闻名中外。1895 年 9 月，台湾殖民总督府为控制金矿，制定了《砂金采取规则》，将原先清朝时期的自由开采制度改为许可制，并对开采人课征重税。殖民政府对矿产的垄断及掠夺政策更加激起了台湾北部人民的愤恨。一位金矿开采者不愿遵守日本殖民当局的规定，仍然依照清朝时期的做法开采一处金矿。日本殖民官员及警察认为此人违反了《砂金采取规则》，犯了擅自开采之罪，当场将其杀死。广大采金者认为这是赤裸裸的迫害，对日本殖民警察的暴行愤愤不平，怨声载道。人民也因此感到恐惧，整个台湾北部已是人心惶惶。为了争取生存权利，也为了摆脱日本殖民政府的统治，台湾北部酝酿一起大规模的武装抗日运动。

简大狮密切关注着台湾北部的民情及日本殖民政府的动态。他听闻基隆及宜兰方面的民众因不

满日本殖民当局的矿产政策，与日本殖民官吏对峙。这时，基隆的一位金矿业主、清朝的秀才林李成带领乡民揭竿而起，反抗日本殖民当局。日本军警立即出动，并通缉林李成。林李成在民众的掩护下，避开日本军警的搜捕，潜入了深山密林。

看着日本殖民军警的残暴与跋扈，一向一身正气、爱打抱不平的简大狮怎么可能袖手旁观？他潜回淡水，开始秘密召集旧部和昔日的徒弟，同时广招义士，打造兵器，购买枪械。日军侵占台湾全岛时的杀光、抢光、烧光的焦土政策，在民众中留下了恐怖的记忆，民众敢怒而不敢言。听到简大狮广召义军，民众纷纷前来加入。不久，在简大狮周围聚集了千余名义军。

1895 年旧历十二月的一天，一位年轻人给简大狮带来了口信，说："林大人现在与各路义军首领商讨起事大计，共推胡统领为首领，约定于阳历 12 月 31 日，以大屯山上的烽火为号，各地义军同时起事，铲除各自辖区内的日军屯所，然后向台北集结，攻克台北，将倭奴赶出台湾。"简大狮久闻胡统领大名。胡统领即历阿锦，早在刘永福离开台湾之前曾与刘取得联系，并接受委任，组织北部抗日军事行动。林大人即林李成，简大狮也早闻他在基隆带领民众抗击日军的事迹。简大狮对那位年轻人说：“回去转告林大人，我简大狮等这一天等得很久了，一定会按时起义，赶出倭奴。”简大狮又问：“各路义军情况如何？”年轻人答道：“这个小的不清楚。”

简大狮也知道，林李成怎么会将各路义军的情报透露给这位报信的年轻人呢，只是为了稳妥起见，多嘴问一问罢了。其实，简大狮也大致了解周围义军情况：陈秋菊、詹振在台北附近活动，拥有义军数千人；金包里的许绍文、北投的杨势，各聚义民千余名；宜兰方面有林李成、林大北，各有义民千余名；扬梅的胡阿锦、三角湧的苏阿力、大嵙崁的简玉和等人各拥有义民军数千名、数百名不等。

起义日期一天天临近。此时，日本殖民当局的密探听到了有关义军起事的传言。台湾总督府下令各地宪兵屯所和警察所严加侦察。但宪兵和警察一时未能查到义军起事的迹象。尽管如此，日本军警也派出各分遣队在可疑地区展开巡查。

在这万事俱备，只等烽火信号的紧要关头，发生了一桩意外事件。12月28日，在预定起事日期的前三天，顶双溪方面的部分义军发现了在此地巡查的25名日军分遣队队员。义军对日本分遣队展开突然袭击。不过，这一突击对全体作战并未产生有利局面，反而破坏了统一行动的计划，也让日军方面证实了此前各地流传的义军起事传言。日军迅速集结起来，向顶双溪方面的义军展开攻击。顶双溪义军还没等到起义那一天就开始败退。宜兰附近的义军首领林李成、林大北闻知消息，仓皇出动，向宜兰城进发。

1895年12月29日（旧历十一月十四），义军总首领胡阿锦发出告示，写道："倭奴占领台湾数月，到处残害淫虐，荼毒生灵，凡有血气者，允应同心勠力，恢复桑梓。本统军奉刘大帅委托，誓师督众，欲诛灭倭奴，一唱百和，莫不跳跃争先。"并号召民众"克日成军，同心攻剿，兵精炮利，赶灭倭奴，共立奇功"。

至12月31日大屯山烽火升起时，义军已经完全包围了宜兰城。迫于义军的攻势，城外日军不得不退入城内，无力出城应战，只得死守城墙。义军围城数天，未能攻克。由于久攻不下，义军军心开始松懈，子弹、粮食也开始短缺。城内日军探知义军情况，于1月8日突然出城攻击，义军一度败退，但包围圈未被彻底攻破。

12月31日，大屯山对面的观音山上烽火一起，简大狮率领淡水方面的义军千余名，以关头为根据地，联合林甫、蔡伯、蔡池、李璋浪、洪成枝等其他义军首领，同时向淡水城进发。但是，由于情报外泄，日军已掌握义军起事日期和行军路线。义军处处遭遇日军埋伏与阻击，陷入苦战。1896年元旦当天，简大狮率领义军与淡水的日军激战一整天。到了傍晚，义军弹药用尽，无法补充，不得已而放弃重要据点退入山中，以做再起的准备。在激战中，林甫奋勇直前，不幸被日军捕获，惨遭斩首。蔡池、蔡伯、李璋浪等人脱离义军，逃往厦门。另一义军首领洪成枝投降日军，并供出了义军情报。退入山中的简大狮闻知消息，痛骂道：“洪成枝乃是卖友求荣的无耻之辈！”

许绍文率领的金包里方面的义军，利用12月31日当地妈祖庙祭祀的热闹场面，暗藏武器，跟随民众混入妈祖庙。当时，日本宪兵一处屯所设在妈祖庙内。义军奇袭该屯所，尽数歼灭了所内宪兵。第二天，即新年元旦，许绍文率领义军向基隆进发，计划先克基隆，然后与各路义军会师台北。不料，日军早已在金包里与基隆间设下埋伏。义军一到，即遭遇日军夹击，伤亡惨重，被迫再度退入山中。1月5日，日军重占金包里，并实施报复，烧毁全庄民房，杀害民众不计其数。

山上的烽火一起，台北附近的陈秋菊、詹振、曾玉等各路义军，集结于台北附近，对台北形成了包围之势。但是，驻守台北的日军武器精良，训练有素，粮饷充裕，未受训练的义军难以与之对抗。而且，淡水、金包里、宜兰等各路义军，要么已失利，要么陷于苦战，不能按时会合于台北。1896年元旦，从新竹开来的日军增援部队到达台北，对义军形成内外夹击态势。陈秋菊等首领考虑到各路义军情况，认为克复台北已无大可能。因此，未敢贸然与日军接仗，命令义军撤回山中。总首领胡阿锦接到各方情报，以为大势已去，扼腕叹曰："是天亡我，非战之罪也。"其后，胡阿锦从台湾中部口岸密渡故土梅县。至此，1895 年年末台湾北部义军大规模抗日武装行动最终失败。

日军解围台北后，立即对附近地区展开残酷的"扫荡"。搜查锡口的日军，认为民房会成为义军的藏匿之所，因此将当地民房尽数烧毁。这次台湾北部义军的起事规模大、人数多，日本殖民政府不得不向日本本土救援。日本大本营得知台湾民众起事的消息，立即派遣第七混成旅团，向台湾进发。1 月 12 日，混成旅团的一部分在苏澳登陆，继续向宜兰进犯。另一部分于 13 日在基隆登陆，向台北进犯。

日军抵达台北后，在台北城及其周围大范围地搜查义军。日军冲入民房，搜查武器，将任何有义军嫌疑的人一律逮捕。比如，台北东南的深坑庄，日军一到即挨家挨户搜查，将男人全部逮捕，将每五六人以辫发连接一起，拖到派出所。日军还依其武力，大肆勒索民众。在台北东南 12 公里的木栅村，当地居民筹集了 500 元贿赂日军，以此保全房屋免遭烧毁。三角湧的义军，得知台北义军败退，纷纷退入山中。1 月 15 日，日军进入三角湧。由于对半年前日军的恐怖“扫荡”记忆犹新，三角湧的民众悉数逃入山中。残暴的日军见整村空无一人，遂将全部民房付之一炬。

向宜兰进犯的日军增援部队，途中以极其残暴的方式搜查村庄、烧毁民房，杀害他们所认定的任何一个可疑人士。1 月 13 日，日军先遣部队到达宜兰城。包围宜兰城的义军与日军展开激战，但已腹背受敌，损失惨重。当日下午，日军进入宜兰城。16 日，日军后续部队也入城。至此，义军的包围已崩溃，2000 余名义军损失了 500 余人。侵入宜兰城的日军在宜兰城附近进行了残酷的“扫荡”，大量村落被夷为平地，惨遭杀害的民众不计其数。

詹林再起，大狮响应

日军的残酷镇压和“扫荡”并未挫败简大狮

的抗日决心。敌人的强大不足为惧，简大狮最为痛心和愤慨的是有些同志竟然在战斗中公然投敌，并甘愿作叛徒出卖同志。每每想起洪成枝投敌卖友的情景，简大狮都咬牙切齿地痛骂一顿。经过这一事件，简大狮变得更为谨慎，加强了自身周围的警戒和防护。同时严格了队伍的纪律，赏罚分明，严防叛徒和内奸。

简大狮仍然以淡水一带的深山为根据地，重整队伍，以图再起。他与淡水、金包里方面的义军首领卢锦春、李勇、李豹成取得联系，一同广召义军，购买武器。宜兰方面有简大狮的老上司林火旺。富有联络、组织能力的林李成、詹振在澳底、瑞芳、基隆一带活动。三角湧方面有王猫研，桃园方面有陈瑞荣、林凉。各路义军均以游击战术与日本军警周旋，袭击日本警察派出所和宪兵屯所。

1896 年 3 月，义军首领詹振、林李成、陈捷升率领义军 200 余名，突袭松山庄日本宪兵屯所，并在日军反攻之前迅速退入山中。义军的游击和突击战术，使日本殖民军警疲于奔命，非常头痛。3 月 10 日，简大狮配合詹振义军，率部攻打金包里宪兵屯所，坚持战斗6天后退入山中。4月初，日本殖民当局组织由军、警、宪一同参与的混成队，大举进攻山中的义军。义军立即化整为零，分散各处，使日本军警无功而返。日本军警一撤出山中，义军就重新组织起来。4月16日，在林李成的联络下，义军千余名集结在莺歌石地区，计划兵分两路攻打淡水城和桃仔园。简大狮率领的义军一直在淡水周围活动，自然成为攻打淡水一路的主力军。不过，外贼易打，内奸难防。义军集结的消息又一次被泄露。掌握情报的日军，立即出动大军"进剿"。义军在莺歌石山下遭遇日军，双方展开了激战。最后，义军不敌日军的优势火力，损失惨重，只得再次分散退入山中。遭此打击后，台湾北部义军元气大伤，在很长一段时间里，再难组织较大规模的抗日行动。

不过，仅过了一个半月时间，对北部义军又等来一次绝好的起事机会。1896年6月2日，台湾首任总督桦山资纪辞职。他在1895年年末已经宣布"台湾全岛已归平定"，然而，直到他辞职，台湾人民的武装抗日争斗仍在继续。桦山辞职的同一天，桂太郎在日本出任台湾第二任总督。在新旧总督交替之际，台湾中部与南部酝酿着较大规模的抗日起事。桂太郎到达台湾的第二天，即6月14日，台湾中部的大坪顶集结抗日义军千余人，立誓要将日本人赶出台湾，并将大坪顶改称铁国山。这就是铁国山抗日军，首领是此前统率台湾抗日义军转战各地的简义。此外还有被民众称为“铁虎”的义军首领柯铁，与其他抗日志士组成“七十二大王”，参加了铁国山的抗日军。与此同时，南部山区蕃仔山温水溪一带的义军在黄国镇等“十二虎”的率领下起事抗日，响应中部铁国山抗日军。

机不可失。在台湾北部，詹振和林李成抓住中部义军起事的有利时机，加紧联络北部各路义军，筹划再度起事。当时詹振、林李成联名向各地民众发出檄文，写道：

詹振、林李成，告汝人民：开台湾，助清国，明君有道。正税律，遵古例，毫无私，实有恩主光绪帝。然而，日本不依前例，总督同乞食，警察不公平，尽是贪官与污吏。日本犯有左列十大罪：

第一条大罪：不敬天，不敬神明。

第二条大罪：不敬孔子，不惜字纸。

第三条大罪：贪官污吏轻百姓。

第四条大罪：不重律法私刑罚。

第五条大罪：不顾廉耻同禽兽。

第六条大罪：不分善恶逆天意。

第七条大罪：日本做事同乞食。

第八条大罪：放尿要罚钱。

第九条大罪：买卖要抽税。

第十条大罪：台民被迫奋然起义。

以上檄文，非常通俗地反映了台湾民众对日本殖民统治的不满。6月中旬，义军首领詹振首先行动，派部下百余人潜入内湖庄和松山与日军打游击战。

简大狮对詹振、林李成这一次的联络持有自己的看法。简大狮认为，前次遭遇日军的攻击，无论人员伤亡和武器弹药方面都损失过大。现在仅仅一个半月时间，义军远没有恢复元气。尽管如此，简大狮接到詹振、林李成的檄文后毅然命令部下卢野、许恁考率众百名下山响应詹振、林李成。詹、林二人对民众公开发出抗日檄文自然很快引起日本军警的警戒。日本宪兵屯所及警察派出所都加强了周围地方的巡查和戒备。简大狮部下卢野和许恁考的队伍下山不久在金包里屯所管区内与日本宪兵队遭遇。义军仓促应战，战死 10 余人。卢野、许恁考眼看无法与日军对抗，命令队伍退入大屯山中。除了简大狮派兵下山外，詹振、林李成的这次行动未能得到更多的义军首领的响应。

国籍选日，义军蜂起

《马关条约》第五条规定:“本约批准互换之后，限二年之内，日本准中国让与地方人民，愿迁居让与地方之外者，任便变卖所有产业，退去界外。但限满之后，尚未迁徙者，酌宜视为日本臣民。”条文中的“让与地方”就是清朝割让给日本的台湾和澎湖列岛。《马关条约》是于1895年4月

17日签订，5月8日交换批准。那么到1897年5月7日的两年内，割让地方的人民如有迁居其他地方者，可以变卖所有在割让地内的产业迁居其他地方。两年期限满后，即到1897年5月8日为止，没有迁居外地的人，根据情况视为日本臣民。为什么要根据情况呢？因为即使没有迁出台湾，但台湾总督府不承认的人仍然不能视为日本臣民。这里就包括仍然坚持抗日的台湾各路义军。

因此，1897年5月8日为台湾人民自行决定国籍的最后期限，他们眼前只有两条路可走：一是被迫出卖所有家产，离开故土台湾，迁回大陆或其他地方；二是被迫成为日本帝国臣民。事实上，无论选择哪条路，对台湾本岛人来说都是一种无奈和不情愿。

在国籍选择期限未满的两年间，台湾殖民总督府陆续发布了各种法规，加强对工商业的控制。矿产开采方面，将从前的自由开采制改为许可制。在国籍选择期限未到之前，台湾人民当中尚未登记为日本国民的民众大有人在。因此，他们认为目前还不是日本国臣民，不需要遵守日本国的各种限制。这一政策变化与国籍选择日之间的时间差导致了台湾人民与日本殖民当局之间的诸多矛盾冲突，胡阿锦与林李成领导的 1895 年年末抗日运动就是这一矛盾激化的体现。特别使台湾人民怨恨的，是第二任总督桂太郎下令施行的台湾矿业规则。台湾人民坚持不到 1897 年 5 月 8 日非为日本国臣民，因此，有权不遵守日本殖民当局发布的台湾矿业规则。但是，日本殖民当局的强制实施下，以开采砂金、煤炭、硫黄等矿产为生的台湾民众 7000 余人被逐出矿区，取而代之的是从日本国内迁来的日本人。失去生活来源的台湾人民，纷纷加入抗日义军。

进入 1897 年，台湾的日本殖民政府加强了台北周围的警戒和“扫荡”。自 1 月至 4 月，台北县的日本军警组织一支讨伐队，对台北周围进行了长时期的“扫荡”。因此，这一段时间，除了几次小规模抗日活动以外，以台北为中心的台湾北部地区义军很难开展大规模的武装斗争了。各路义军在山中秘密经营樟脑、茶叶等各种产业，以待时机。同年 3 月，詹振、陈秋菊从厦门招募数百人到台湾，散入山中种植茶叶。詹、陈手下已有3000余人，势力大增。

随着5月8日的临近，台湾人民越发不安。街头巷尾流言四起，“一旦成为日本帝国的臣民，男即断去辫发，女即解放缠足，禁鸦片，并执行征兵令”，“俄国将派军协助复台”，等等。以今天的眼光看来，辫发、缠足、吸食鸦片是社会陋习，但在当时是根深蒂固的社会习惯。无论这些陋习多么不合理，一旦被禁止，对当时的人们来说就是生活习惯的一次大变革，以致难以适应。俄国协助收复台湾的传言在日本侵占台湾的前数年间一直流传。之所以有这一传言是俄、德、法3国迫使日本归还辽东半岛和朝鲜闵妃弑害事件中表现出的日俄对峙。事实上，俄国的关注点在辽东半岛及朝鲜半岛，对远在南海的台湾则兴趣不大。其实，俄国早已表示：“对台湾的割地，俄国并无异议。”尽管如此，俄国对付日本的传言却在抗日军民中广为流传。林李成等台湾义军首领也利用这一传言来激励百姓抗击日本。

临近国籍选择日，台北周围的义军已经开始

行动。5月7日，简大狮、徐禄、詹番等联合詹振、陈秋菊共率领数千义军开始向台北挺进，志在攻克台北，收复失地，驱逐日本人。日本军警对国籍选择日的防备自然非常严密。此时，义军将要袭击台北城外大稻埕的风声四起，台北警务署命令艋舺、大稻埕两分署严加警戒。台湾城及附近的日本宪兵队也加强了戒备。

8日凌晨3点，义军兵分四路从东南、西北两个方面围攻台北城。一路沿着北门外的铁路线前进，遭遇东门外与北门外的日军，展开激战。一路包围攻打北门外的日本工兵营地。一路从大龙峒攻入大稻埕，袭击法院和租税检查所。还有一路自奎府街进攻大稻埕。3点15分，日本军警开始反击。日军准备充分且武器精良，训练有素，义军逐渐处于下风，不得不开始撤退。

战斗约持续两小时，到4点20分基本结束。这次战斗义军死伤惨重，尸体散落各地。据统计，在各庄的战斗中义军阵亡情况是：南港庄30人，东势庄70人，山仔脚庄16人，大稻埕14人，大龙峒3人，三板桥36人，三板桥顶1人，下埤头庄6人，上埤头庄9人，锡口街20人，共205人阵亡。日本军警方面仅被义军击毙警察1名，伤3人。

战斗中义军大小头目三四人中弹身亡，其中就有著名抗日首领詹振。詹振，台北锡口人，祖籍福建安溪。他与台北附近义军领袖林李成、陈秋菊、简大狮、徐禄、詹番以及新竹义军首领胡阿锦等相互策应，组织了1896年元旦攻打台北的战斗。1895年12月31日，詹振率领义军200余人进攻台北锡口，首先切断电线，破坏铁道，在铁轨上堆积石头，防堵日军火车通行。接着袭击锡口，打死日本铁路工人19名，军夫3人。詹振可谓最勇敢的抗日领袖，他的阵亡是台湾义军抗日武装斗争的一大损失。

简大狮遭遇多次抗日起事的失败，但并不灰心丧气。不过，詹振的牺牲对简大狮而言，意味着失去了一个优秀的带头者。之后，简大狮在淡水、金包里一带的山中潜伏，重整队伍，等待时机。

日本侵占台湾后，开始在台湾各地进行大量的调查，以备掠夺资源。因此，这些日本调查人员也成为义军袭击的对象。1897 年 10月 7 日，台北守备队的少尉松本去沪尾进行地理调查途中，在金包里阿里磅庄被简大狮部下曾享击毙。金包里日本宪兵队立即出动捕杀了曾享。

部下被日军残杀，简大狮如何咽得下这一口气！ 11 月 12 日，简大狮、刘锦春联合林大平、詹番，共率抗日义军 500 余名，集结在竹仔湖附近。又与驻在草岭的林火旺联络，约定于 18 日一同攻击沪尾日军。不料，消息泄露，日军向各地派兵加强防守。17 日，日军派出 4 个中队，对金包里附近进行“扫荡”。各路义军处处遭遇阻击，终未能开到目的地而退散。

夜袭磺溪头，血战倒照湖

1898 年 1 月，简大狮接到义军首领徐禄的秘密通知。原来，就在这一月，徐禄收到“刘（永福）大元帅密令”。密令要求台湾各路义军首领养精蓄锐、同心协力，剿灭倭寇。徐禄立即将密令内容通知了简大狮。收到徐禄通知的还有卢锦春、陈煌、王猫研等各路义军首领，甚至基隆的王秋鸿等已经投降台湾殖民当局的部分首领也得到了这份通知。各路首领接到徐禄通知，得知刘大元帅在大陆暗中领导抗日，一度士气大振，加紧暗中招兵买马，囤积粮草，准备随时起事。

接到密令后，徐禄、卢锦春立即与已投降日军的首领王秋鸿、庄俊木商议，委托二人购买枪支弹药。王、庄二人虽已投降日军，但一直在暗中支持义军。他们利用“归顺”的身份，在三貂附近买入枪弹，秘密输送到金包里附近的各路义军队伍。2 月 25 日，在厦门的义军首领许绍文等人奉王秋鸿之命，雇用商船，搭载枪支 40 杆及子弹 5 箱，秘密运到台湾大武仑澳，送到卢锦春手里。附近庄民不顾日本当局的严密禁令，帮助义军运送武器。简大狮秘密委托芝兰二堡八仙庄人陈阿矮，以小船运载枪支弹药，同时充当义军侦探，窥探日军动静，随时秘密派人报告义军各首领。

3 月 2 日，嘉义县土库街一座庙前出现了一道檄文，内容与1月徐禄收到的“刘大元帅密令”完全一致。简大狮认为，周围民众已知晓“密令”内容，起事时机快到了。他与卢锦春二人计划第一步袭击磺溪头庄宪兵屯所，第二步进入金包里街，袭击办务署、邮政局等日本殖民当局机关，并在该地建立一大根据地，以期将来推翻日本殖民统治。同时，简大狮等各义军首领特别强调义军纪律，严禁抢夺民宅。一向诋毁义军的日本军警事后也不得不承认:“此次土匪与以前不同，以少见之动作，至民家完全无掠夺金钱物品之事。”

7日下午，卢锦春在石碇堡、姜仔寮庄一带会合徐禄、李阿养、陈煌等大小首领，决定10日下午展开进攻，并商议具体步骤。7日傍晚，卢锦春、李阿养二人率领部下百余人前往大武仑内寮庄。不料，在第二天到达内寮庄时遭遇日军宪兵包围，交战3小时后退往玛陵坑庄，化整为零，潜伏于庄内。

3月10日，各路义军遵照约定，在竹仔湖杀猪起誓，立誓与日军决一死战。当日下午，简大狮和卢锦春率部到达磺溪头宪兵屯所周围。简大狮率领约300人，分3队，在屯所北边集结，树立黄色旗8面。卢锦春率领一队，约100人，在屯所南边集结，树立红色旗一面及白色旗4面。义军共约400人，已经占据磺溪头宪兵屯所前后方高地，形成包围之势。下午4点20分，义军开始向屯所进攻。驻扎的宪兵立即转移到屯所后方的掩堡内，观察义军战阵，确认方向与距离。日军派出6名上等兵，占据高地进行防御，其他队兵则集中在掩堡内，掩护高地上的上等兵。

双方对峙一个半小时，义军观察到日本宪兵人数并不多，随后加强攻势。这时，屯所周边的民众也参与到义军队伍中，他们渡过屯所南边的小溪，打破屯所大门，进攻到宪兵宿舍，放火焚烧，焚毁了一部分宿舍房屋。

屯所北边的简大狮带领部队在敌人的枪林弹雨中前进，先头部队已经进攻到距离宪兵掩堡50米的地方，战斗进入最激烈阶段。正在这时，义军前进部队中一名队长中弹牺牲。日军虽然人数少，但装备精良，火力密集，义军一时无法再靠近。为避免扩大伤亡，简大狮命令部队有序撤退。到晚上

8点，全部撤回山中，主力已退到倒照溪方面。但仍然派出探兵，严密观察着日军的动静。

这次袭击磺溪头宪兵屯所，因为日军密探简秀木和混入义军的投降者简通等人暗中报信，日军提前掌握了义军人数、进攻计划及方位。所以，日军做好了充分的准备，在屯所后方建筑堡垒，将屯所人员移到堡垒中。义军装备落后，且未受过严格的训练，因此，虽有400余人，也未能占领21名武器精良且高度专业化的日本宪兵队员驻守的屯所。战斗中义军牺牲10人，日军无死伤。

简大狮和卢锦春率领义军从磺溪头屯所撤退后，依靠倒照溪及竹仔山附近的险要地形继续与日军对峙。

据日方的情报，义军袭击磺溪头宪兵屯所的同时还会袭击金包里办务署。因此，自3月10日晚起，金包里支署长一边向台北县报告情况，一边与日军守备队及宪兵队联络，要求支援。同日夜间，日军基隆守备队第一联队第十中队和宪兵组成17人的讨伐队到达金包里，并于11日天亮之前已经与磺溪头宪兵屯所取得联系。

11日上午，日军守备队第十中队派出两个小队“扫荡”倒照湖与竹仔山一带。简大狮派出义军一小分队侧击日军，进行骚扰。简大狮、卢锦春将义军部队分成两部分，分别在倒照溪南北两岸的山上埋伏。日军到达倒照溪时，义军从竹仔山半山腰上射击。同时，溪北方森林和溪南方高地的义军同时攻击日军。日军以掩堡为据点，向义军猛烈还击。战斗持续到中午，义军无法前进，只得先撤退。下午，简大狮与卢锦春在倒照湖、竹仔山两地整理部队，召集部下500余人。

12日上午，日军守备队第十中队的部分队兵前往倒照溪方面侦察。日军到达倒照溪东南方的小山丘时，该处附近义军哨兵果断出击。日军立即组织进攻，义军一名哨兵当场中弹牺牲，其余人迅速撤退到本部，报告日军的进攻情况。义军以房屋为掩护，向日军猛烈射击，使日军侦察队无法前进。这时，义军逐渐包围了日军侦察队的左翼，打伤一名日军士兵。日军见势不妙，立即撤退。

经过两天的战斗，日军意识到不组织一次较大规模的进攻无法消灭义军。12日，日本守备队司令部从第一联队和第二联队的中队中抽调部分队兵组织了一支讨伐队，司令官为守备步兵第二大队队长弘冈少佐。

这时，义军也在集结，准备迎击日军的进攻。13 日下午 5 点，义军首领徐禄、陈煌自姜仔寮庄率领部下 220 人来到竹仔山，与简大狮、卢锦春会合，义军已达到 700 余人。简大狮、徐禄、卢锦春、王猫研将义军部队分成 4 队，各领一队。

义军派出侦察队密切监视着日军的动向。义军避开日军锋芒，以灵活游击的战术与日军周旋。14 日上午，日军守备队步兵第一联队第十中队与增派的第九中队的一小分队及基隆守备队的一小分队在倒照湖以西展开进攻。义军抢先在进攻路线上设置掩堡，顽强抵抗日军的进攻。下午 1 点，讨伐队司令官弘冈率领第二大队本部及第二联队第六中队从右路，第八中队从左路，第二中队及两个小分队从中路，一同出击，“扫荡”倒照湖附近山区。这时简大狮早已率领义军避开日军大部队，转而袭击其后勤部队去了。恼羞成怒的日军进攻倒照湖庄和葵扇湖庄，将所有的民房付之一炬。由于简大狮

等义军首领的灵活战术，义军虽然牺牲 29 人，但也打死日军军吏 1 人、军吏总书记 1 人、士兵 5 人、随队军医 2 人、商人 1 人和为日军做军夫的台湾人 1 人。

16 日，日军讨伐队分成三部，一部在磺溪头东南 20 公里的溪底附近，一部在草山庄附近，一部在大屯山附近分别“进剿”义军。日军宪兵屯所也派出了随军人员。这时，卢锦春率领部下 200 余人，在竹高岭附近准备阻击。到了中午，日军第十中队开到竹高岭，义军迎头痛击，一度阻断日军的进攻势头。到了下午，日军第六中队从义军侧面攻击。义军战斗到下午 5 点左右，牺牲 13 人，退入山中。同日下午 3 点，王猫研率领部下在双溪庄与日军交战，坚持 2 小时，战死 1 人，伤 3 人，后退入山中。

17 日凌晨 5 点，日军讨伐队第九中队出动搜查五指山附近的义军。上午 7 点，日军在玛陵坑口冷水窟庄发现了徐禄、陈煌率领的义军 50 余人，并立即展开攻击。义军以房屋作为掩护与日军对峙 1 小时。其后，义军遭到日军突击而无法有效抵抗，牺牲８人，只得三五成群，分散撤退。同日下午，义军主力也从顶双溪庄向大武仑方向撤退。

这次起事，简大狮与徐禄等各路义军首领联合行动，灵活从容地应对日军的进攻，有效打击了日军的嚣张气焰。撤退以后，简大狮、卢锦春、詹番等率众各据一方，在淡水八芝兰、基隆、景尾等地秘密活动。由于义军长期坚持抗日，日本殖民当局不得不考虑调整对台湾的统治政策。

04 日本招降，大狮坚持抗日

名为归顺，实仍抗日

日本殖民当局虽然残酷镇压台湾人民的武装抗日斗争，但不得不面对如下事实：占领台湾已有3个年头，日军即使拥有压倒性优势，也未能消灭抗日义军；台北时时受到义军的袭扰，中部和南部的义军起事有增无减；日本每年消耗巨额军费，用于镇压台湾的抗日军民。对此，日本国内对殖民当局的责难声音越来越高。有人开始怀疑占领台湾对日本有无好处，如："领有台湾果真为帝国之利益耶？""由现在的状况推断台湾仍未能证明为本国之利益”等。甚至有人公然提出：“不如将台湾以一亿元的代价售予法国”。由此可知，日本殖民当局对台湾军民的抗日斗争，是何等地感到头痛了。

1896 年 11 月，即台湾第三任总督乃木希典来到台湾后的两个月，日本政府颁布了特赦令。据此，台湾总督府也于 1897 年 1 月末发布特赦令，宣布：“台湾住民而国事犯及啸集凶徒均全免。”这就是乃木希典上任以后尝试推行的“土匪归顺政策”。所谓“国事犯及啸集凶徒”即指抗日志士和抗日义军。乃木发出公告称：“如果归顺，不再追究既往的抗日行为，完全以对待一般良民来看待。劝导归顺而竟其功者给予相当的奖赏。而且对归顺者，为保护其免于受到同伴的报复，由日军严予保护”。

乃木希典的“土匪归顺政策”在起初发挥了一定的作用，招降铁国山抗日军首领简义为其一大成就，此外还成功招降了 1000 多名义军。

但是，乃木希典上任之时，正是日本殖民当局腐败横行，行政效率低下之际。虽然乃木极力整顿，但方法欠妥而效果不佳。在这种环境下，总督府的“土匪归顺政策”并未能彻底贯彻执行，各级官厅多为阳奉阴违。一方面，虽然有人已经“归顺”，但是警察及宪兵之间互相争夺讨伐功劳，“归顺”警方的人，宪兵却将其当作“土匪”加以剿灭，或投降宪兵的人，警察却将其当作“土匪”来杀害；或一方派出执行劝导任务的台湾人被另一方逮捕等，问题百出。另一方面，部分义军认为日军之所以采取招降政策，是因为已经疲弱，义军应该趁机更为有力地抗击日本殖民当局。因此，各地义军奔走相告，大力宣传，鼓舞士气，使义军活动更加活跃了起来。

因此，“土匪归顺政策”终归失去效力，乃木希典不得不放弃该政策。1897 年 12 月 26 日乃木希典发布通告：“仍未归顺者因无此意愿，故应严予处分。”随之出台的是，由宪兵、警察双方划区“剿灭”义军的“三段警备制”。“三段警备制”规定：将治安状况不好的山岳地带划为一等地，由宪兵队担负警戒任务；将山岳与平原之间治安状况稍好的地带划为二等地，由宪兵和警察联合负责治安工作；将台北及台南等治安最好的都市划为三等地，由警察负责治安。

“三段警备制”表面上设计得天衣无缝，但在执行当中出现诸多弊端：其一，兵力分散，对抗日义军的震慑力反而减弱；其二，义军的活动当然不会遵守总督府所指定的区域，而是一等地的义军在二等地游击，或在三等地出没，致使日本殖民当局的指挥系统由于局限在各个区域而陷入混乱，日本警察与宪兵疲于奔命，乱成一团；其三，宪兵属于陆军系统，警察则属于行政系统，因此在行政上出现了混乱。尤其是在二等地带，就像同一地区设置了两个行政单位，使当地民众不知该听哪一方的，无所适从。这种不方便导致了台湾人民对总督府更加不信任。

1898 年 2 月 16 日，乃木希典被免职，取而代之的是建立日本近代陆军军制的儿玉源太郎。儿玉一上台，就提名后藤新平担任台湾总督府民政长官。儿玉、后藤上任的前 3 个月致力于改革台湾殖民体制，调整行政区划，裁减冗员，精简行政机构，并清除军人对民政领域的干涉。改革初见成效后，开始调整“土匪”政策，一改前几任总督的讨伐作风，采取怀柔政策，实施“土匪招降对策”。后藤认为武力无法消除“匪患”，因此要“说服他们，同时给他们工作做，就不再骚扰了”。后藤的这一做法，得到了儿玉的完全赞同。因此，儿玉对在台湾的日军头目说道，“你们到此之目的并非讨伐台湾，而是治理台湾”，并对全台人民发布公告：“如各抗日团体归顺日本，我们很欢迎，同时给你们工作，你们可以到全台湾任何一个政府机关报到，如有人对日方的诚意仍有怀疑的话，由后藤长官亲自往访亦可。”

台湾总督府颁布招降令后，即派出众多劝降人员赴各路义军驻地进行劝降。而此时，义军的处境也已大不如以前。一般民众本来是支持义军，同情义军，尽可能地帮助义军的。可是，日本在台湾的殖民统治已经走过 4 个年头，并没有被推翻的迹象，反而越来越稳固和加强。这使得民众中的旁观者日渐增多，支持义军者越来越少了。

1898 年 7 月中旬，宜兰地方的义军大首领林火旺率部下数百人投降了殖民当局。对此，民政长官后藤非常重视，亲自参加了礁溪举行的“归顺”

典礼，并与林火旺一起在“归顺誓约”上签字。8月，台湾北部义军又一大势力陈秋菊也统领1300名部下，在与总督府交换数项条件后投降了。

自乃木希典的“归顺政策”出台到后藤新平的“招降对策”出炉，义军首领中已经出现了不少的投降者。倒照湖战斗中失利以后，简大狮与卢阿野、李养率众潜入台北附近的山区。到1898年夏，3人的部下有1000余人，其中有600余人分散在台北北山，其余400余人则分别散在台北南山，从事各种产业。

在殖民政府招降令发布后，义军首领中也有了愿意投降的人。其中一直与简大狮并肩作战的卢阿野表现出积极的投降意愿。而简大狮则有些犹豫，李养的态度与简大狮一致。这时卢阿野明确表示：如果简大狮和李养不肯“归顺”的话，自己就要单独“归顺”。由此，简大狮与卢阿野之间产生了意见分歧。简大狮反复说明不可轻信日本人。简大狮指出：“日本人虽然抛出招降对策，但是中间奔走的人一再被杀害，我等不可不防啊！”简大狮的疑虑并未没有根据。比如，6月21日，石碇堡十份寮宪兵射杀了为劝降义军首领而奔走的侯溪中。郑维隆也是为义军首领“归顺”而奔走，不料于6月24日被锡口警察拘捕。此类事件的频频发生，一方面，伤害了从中奔走的人，使他们畏惧不前，劝降工作受到影响；另一方面，进一步增加了义军对日本殖民当局的不信任感。

但是，卢阿野不为所动，仍坚持投降。由于殖民政府提供的招降条件比较优厚，其他多数义军首领也倾向于投降，并开始与殖民当局谈条件。简大狮的部下当中也已人心不稳，迫使简大狮必须作出抉择。7月22日，简大狮在芝兰堡内七皇墩川山中与日本殖民政府的密探兼中间人何水龟会面，商议投降事宜。简大狮提出的“归顺”条件如下：

一、部下1000余人，每人每月发给10元，3个首领每人每月60元，连续给一年。等到守备队、宪兵退守后，愿受各席警察指挥，保卫地方治安，可求天下太平。

二、我们的愿望能够得到许可时，郑文流、徐禄也会赞成归顺。

三、如许可我们提出的条件和愿望时，对陈

秋菊、郑文流、徐禄、詹番等拟定妥善办法，不然违背原来结党之意。

简大狮行侠好义的品德在“归顺”条件中充分显露了出来。他不仅为自己部下争取优厚的待遇，还为并肩作战的各首领着想，做到不违背“原来结党之意”。简大狮对何水龟表示，如果殖民政府接受提出的“归顺”条件，便可带领部下“归顺”。日本殖民当局为尽快招降义军，基本接受了简大狮提出的条件。

8月16日，陈秋菊、郑文流、徐禄等首领率领部下1354人投降。正如简大狮在6月提出的“归顺”条件那样，他们均得到总督府的宽大处理，并且后藤新平富有诚意地参加了陈秋菊等人的“归顺”典礼。投降后，陈秋菊带着妻子回到文山堡戆潭庄，与亲戚故友商议在那里修建自己的住宅。郑文流兄弟二人受台北县知事之命，充当了卢锦春、李养等人的劝降者。8月23日，卢锦春及其部下李养等911人“归顺”。紧接着，简大狮、林清秀、刘简全、王猫研和林豹成等首领纷纷表示“归顺”。

“归顺”之前，简大狮也做了一些准备。他继续招募部下，使自己部下人数达到了1000余人。之所以这样做，是从以下几方面考虑：一、人数多，声势大，使日本当局不敢轻视；二、“归顺”后，日方将按人数发放授产金，使临时招来的贫穷、无业人员均能得到一笔授产金，对他们的生活有所帮助；三、为以后再举义旗做人员上的准备。

9月7日，殖民政府台北县知事到芝兰一堡双溪口庄接见已经表示“归顺”的义军首领。但是简大狮不屑与之会面，称病不出，派林清秀、刘本二人代表自己与各庄长一同参会。会场中整齐排列着各首领全副武装的部下150名，手持日本国旗，以捧铳之礼（即举枪敬礼，是军队中持枪敬礼的方式。双手持枪，保持垂直，面向并注视接受敬礼的人或国旗）向台北县知事表示敬意。场面俨然是向日本殖民当局示威。台北县知事发言，要求各首领严加约束部下，不再征收保庄金，不随便携带枪械外出。各首领均表示赞同。

会议上，义军首领询问台北县知事：“我们众部下的自身生活有无保障？”

台北县知事答道:"'归顺'后自然有相应的安排，比如从事道路工程。对生活陷入困难的部下暂时发给补助金，使他们在窘迫之日不再误入歧途。"对此各首领表示满意。

会议约定于9月10日在士林芝山岩举行"归顺"典礼。由于台湾殖民总督府民政长官后藤新平亲自参加这次的"归顺"典礼，简大狮这才决定也亲自参加典礼。足见，简大狮毫不畏惧殖民当局，与其平起平坐，维护自身尊严的姿态。

"归顺"典礼延迟了两天。9月12日，简大狮、刘本、林清秀等首领率领全副武装的部下153人前赴芝山岩国语（日语）学校广场参加了殖民政府安排的"归顺"典礼。后藤新平、台北县知事、守备队队长和宪兵队队长都前来参加。简大狮等人表示愿意"归顺"，并在誓约书上签了字。誓约条款如下:

第一条　各投诚首领等，必期督励各部下人等，使其安分守己，以表改过迁善之实，是为各该首领之专责。

第二条　各投诚首领等，从前分派部下经收保庄费之名片并收单等，兹由各该部下经手人一齐缴销，以防顶冒之弊。

第三条　自投诚之日以后，保庄费一概严禁，不准勒索，以致民累，万一遇有行使首领之名片等，并收费证单据者，即将各首领从重治罪，倘（有）他人伪造名片收单，冒诈勒索庄民等弊，果系伪造证据者，即为该伪造人与使行人分别重究不贷。

第四条　军枪一概不准携（带）外出徘徊庄街等处，如敢故违，不问何等理由，即将该枪（没收）入官。

第五条　部下无家无业之徒应如何安顿，宜慎重筹划，确立妥宜之法，预先禀明，以便裁夺。

第六条　部下名册除照式报明外，须待安顿妥当后，再将新定住地及家口亲族姓名、年岁等照式造册报明，以便查核。

简大狮等首领也表示愿意从事由士林至金包里的道路开凿工事，以安置无业的部下。

誓约内容不外乎“各首领严加约束部下，不再征收保庄金，不随便携带枪械外出”等3条主旨。简大狮等首领的机警之处在于他们所签署的誓约中并未规定各首领必须服从殖民当局的命令和法规，也未规定各首领解散义军。简大狮认为，所谓的“归顺”只是讲和。简大狮在与殖民当局打交道时，只与后藤新平会面，从来不与其他殖民地方官员直接见面。简大狮的意思很明白，他与殖民当局平起平坐地讲和，而非服从。

正因为如此，虽然简大狮与刘简全、林清秀等同意“归顺”，但保留了相当大的自主权力。简大狮与刘简全居住在烧焿寮，住所称为营所，对部下和所辖庄民可以直接下达命令，不受日本官吏的干涉，赏罚由首领自行裁夺。虽然庄内各处悬挂日本国旗，但入口设立岗哨，命令部下带枪瞭望，严加警戒，即使日本警察官吏也不能随便进入。9月22日，士林支署长带领翻译人员前往烧焿寮为简、刘二人部下检印枪械，却被拒之门外，只得借用不远处的民房进行检印。检印时，支署长发现有些义军队兵的枪支还装有子弹。支署长问：“为什么要装子弹？”义军队兵不答话，表现出杀气腾腾的样子。由此可见“归顺”后的义军将士对日本官吏的态度。

10月13日，道路工程开工典礼终于在芝兰一堡士林街妈祖宫内举行。这天上午，台北县知事村上义雄、警部长矶部静藏等日本殖民政府官吏到达现场，地方士绅亦到场观礼。但简大狮仍然没有到场，由林清秀、王猫研、刘简全等首领兼代。

道路开凿工程共划分了8处工地。林清秀负责第一、第六工地，刘简全负责第二、第八工地，简大狮负责第三、第五工地，林豹成负责第四（甲）工地，王猫研负责第四（乙）、第七工地。

为了缓和与日本官吏关系，并对安排道路工程表示谢意，简大狮于10月31日在金包里街一处私人住宅招待了金包里支署长和警部冈本。但是简大狮自己并未出面，由高红妇、高红毛、高妙儛3人代表简大狮招待了日本官员。日方的支署长也未出席，由冈本警部兼代赴宴。冈本说：“你们成为良民以后，警察官对待你们如同一般百姓而无异，但有细小不正的行为时，照常处分亦在所难免。最近听说你们与百姓交易日常用品时态度、言语使良民迷惑，如真有其事，那就是违背‘归顺’的恩典了。所以应加以注意。就道路开凿方面，你们承担的地区比其他地区工程做得好得多，这亦归功于诸位对道路建设事业的热心与努力。这不仅仅是为个人，也为国家永留你们好名声的事业啊。因此希望再接再厉，获得更好的结果。”高氏3人表示归宅后一定如实报告简大狮。

然而，日本当局对投降的义军并不放心，时刻进行着严密监视，并制定了4条管理办法：一、“归顺者”须各自携带“归顺证”；二、成为一团从事开垦或从事道路开凿的人，由原有首领负责管理，警察要视察；三、对于各自有正业的“归顺者”警察要视察其动静；四、枪械悉数检印后发给特许证。11月13日，台湾总督府要求台北县每月必须呈报一次“归顺者”的情况。据呈报，10—11月的情况如下：

1898 年 10—11 月“归顺”的义军从事道路工程之状况

姓名	至上月底	从事公共事业者	从事个人事业者	坐食者	共计
简大狮部下	344	104	120	120	344
刘简全部下	120	100	10	10	120
林清秀部下	230	100	120	10	230
王猫研部下	208	100	96	12	208
林豹成部下	197	100	90	7	197

坐食者以简大狮部下为最多，占到其部下总数的近 1/3。这也说明，简大狮部下中相当一部分人未能得到很好的安置。再加上道路工程在连日的大雨中不能正常进行，而且在误工时期，“归顺者”无任何报酬。那些坐食者和误工时期的工人们，生活上更加困难，心理上也更为不安。这就酝酿着又一次的抗日起事。

北山遭袭，宏图莫展

简大狮“归顺”，一方面，得到日方的授产

金，并承包道路工程，让部下能有个生计；另一方面，他从来没有现身工地，暗中仍然筹划抗日大计。早在8月末，简大狮一边表示“归顺”，一边暗中派部下到大陆，购买枪支弹药。他“归顺”后，相当于割据一方，在自己的管辖范围内征收税金（即保庄金、捐输等），以图再起。

简大狮等义军首领“归顺”后，日本殖民当局和义军之间的不信任并未消除。卢锦春部下扬言：“我们非归顺，而讲和，台湾总督给我们金钱，并许可芝兰二堡、三堡的行政司法之大权。”这无疑刺激着殖民当局的神经。此外，义军和民众当中流传着这样的传言：“这次官府允许‘土匪归顺’，日后计划‘扫荡’他们的根据地”，这使“归顺”的义军不得不加以警惕。

义军“归顺”前后，殖民军警仍不停地派出密探，侦察义军情况。简大狮对此非常反感，命义军采取必要的反制措施。有一位日本宪兵密探王则贤，专门从事侦察义军情况，最终被义军识破并将其杀害。再有，日本警察派出密探陈庆、郭古意二人潜入北山的义军当中，结果也被义军除掉。

11 月 5 日，李养部下 4 人，带刀行至粪箕湖时遇到深坑街警察。警察看到带刀的“归顺者”，欲上前逮捕，结果被砍死。12 月 1 日，简大狮部下 30 人在二坪顶遭遇土地公埔支署巡查的枪击，3 人重伤，其中两人伤势太重而死亡，一人是简大狮器重的干将。简大狮痛惜万分。如此这般，义军和殖民当局之间的对抗与仇恨正在加剧。

早在 1895 年 9 月，总督府在抗日活动频繁的嘉义、大目根堡率先试行联庄保甲制度，并向全台汉人居住区推广。所谓联庄保甲组织，将各庄民众以 10 户为一甲，10 甲为一保的形式组织起来，甲设甲长，保设保正，负责清查户口，防范“土匪”（包括义军）进入庄内。联庄保甲的突出特点是连坐制，即一人犯法，同一甲内 10 户均受牵连。因此，它是一种各户互相监督，互相告发的制度。为配合日本军警镇压抗日义军活动，日本殖民当局在各地保甲组织中成立了壮丁团。这就是日本殖民当局以台制台的恶毒政策。因此，在义军眼里这些壮丁是为日本人做事的，与壮丁结怨是必然的事。

1898 年 11 月 7 日，义军抓捕了沪尾办务署辖区小坪顶庄壮丁林茶等 3 人，将他们关押在台北办务署士林支署管辖内草山庄警察官吏派出所附近的大厝地何猫齐住宅里。何猫齐是简大狮部下，是排长级别的小头目，住在简大狮住所的上方。17 日，沪尾办务署第二课警部崎庄一郎率领小坪顶派出所巡查部长池田逸太及巡查 4 名，与草山派出所两名巡查一同前往大厝地村庄，搜查何猫齐家。

何猫齐屋外的护卫挡住日本巡查，说："大人（即何猫齐）不在家。"警察要求进屋搜查。护卫坚决不许，一边说："大人不在时任何人不许入内"，一边将枪口对准警察。周围又有二三十名带枪的部下，盯着警察的一举一动。日本警察见此情形，自知双方实力悬殊，只好撤去。这些事例都在说明，简大狮与日方的矛盾日益加深，双方都在积极准备着应对措施。

简大狮等义军首领暗中加紧筹备，派人走访民众，劝他们捐输粮食和银两，支持抗日义举。1898 年 11 月，正值台湾稻谷收获季节。简大狮、林清秀、王猫研、林豹成、刘简全等首领派出部下赴芝兰一堡、芝兰二堡一带的农家，征收粮食。简大狮还送出信函给各殷实大户，规劝捐资捐粮，支持抗日大业。12 月 6 日，简大狮给芝兰士林南 20 号的殷实大户潘盛清送去信函，劝其为抗日义举捐输银两。信中写道：

盛清先生足下：余虽未得晤，但久闻足下高名，今倭寇来台，困万民、扰台政久矣。余夙昔以来虽有讨灭之心，但无集兵之资与购军装粮食之财，而未能竟其志。故现飞檄各庄殷户，欲募集军资。足下若明了小弟之意，欲救万民于困厄之中，请各房交付一千元之军资给刘管，以供军装粮食之资。

这些殷实大户中，支持抗日义军的大有人在，但也有惜财如命，甘愿做日本殖民当局顺民的人。这些人不但不支持抗日斗争，反而偷偷到殖民派出所报信、告状。

简大狮自 9 月 12 日参加“归顺”典礼以后，

隐居山中烧焿寮地方，从来没到过修路工地，也再没见过日本官吏。因此日本殖民当局对他保持着高度的警惕。为便于监视起见，士林支署使出调虎离山计，要求简大狮下山，移居士林街。为迷惑殖民当局，简大狮答应了他们的要求。林清秀还拿出资金为简大狮筹备移居事宜。12 月 9 日，简大狮在烧焿寮庄长的安排下在该庄举办了移居酒宴，宰猪祭祀天地神灵，占卜吉凶，决定于 11 日迁居士林街。

但是，在义军首领们看来，士林支署的要求只不过是诱捕简大狮的阴谋。1898 年 12 月 7 日，卢锦春急匆匆地来到芝兰一堡烧焿寮，与简大狮、詹番、陈活源（陈总理）等人会面。卢锦春通报日军决定于 11 日讨伐烧焿寮庄的准确消息，并彻夜讨论了应对策略。8 日下午，简大狮推卢锦春为大元帅，自任副元帅，迅速部署各义军首领的作战地点和路线。

8 日晚上，各路义军开始行动。詹番率领部下驻扎在文山堡狮仔头山，准备对抗 11 日讨伐烧焿寮的日军；陈活源率领部下驻扎八里坌堡观音山，准备 12 日袭击淡水；卢锦春率领部下在石碇堡窥探日军动静；李养则观察交战情况而伺机支援。简大狮自己率领部下驻扎烧炼寮庄，准备阻击 11 日日军的讨伐，并袭击锡口街。

日本殖民军警方面，为讨伐北山，也在进行着各项准备。1898 年 12 月 7 日，日本军警拟订了军队、警察、宪兵合力讨伐的详细作战计划。讨伐区域划分为内围线和外围线，分别派遣军警进驻各要地。内围线防守地点有坪顶庄、双溪、永福庄、草山庄和竹仔湖一带，由台湾日军守备队第一大队、第八大队和宪兵队负责驻守。外围线则由台湾殖民警察和巡查负责驻防。

除了军、警、宪全力讨伐以外，殖民当局还命令各村庄、各沿海地区的居民进行严密警戒。为防止简大狮出海逃脱，殖民政府台北县再三电令金包里署，要求海边居民务须尽力探防；如不尽力，以致义军得以逃脱，那么该处居民与“匪”同罪论处。除此之外，严令沿海各庄长，如果发现义军在附近徘徊或掠夺船舶，则立即报告最近的办务署或支署。为此，殖民当局让各庄长出具保证书。如果及时报告而捕获义军则有赏金，相反，如果没有立即报告则与“匪”同罪论。同时，严令警戒线内外的各庄长，对简大狮不得庇护，不得提供方便，并警告说，如果明知简大狮潜匿或通过却采取旁观态度，则与“匪”同罪论。

不过，暗中支援简大狮的大有人在。士林区长陈景南，一直暗中援助简大狮的抗日斗争。他将辖区各庄的殷实大户的名册交给简大狮，方便其征收钱粮。然而，这种做法引起了殷实大户的不满和仇视。1898年12月5日，士林区八芝兰街庄的各大户以“八芝兰街庄众等”的名义上书总督儿玉源太郎，控告区长陈景南：“结好匪首，与其换帖，拜为兄弟，代匪柄策，录明殷户姓名予匪。”不久陈景南被殖民当局拘捕。但是日本当局未查到陈景南通“匪”证据，因此无罪释放。

台北县知事于12月10日致电水返脚办务署下达逮捕简大狮的命令，并强调严密监视卢阿野、李养、陈秋菊、徐禄、郑文流等人的动静，尽力阻止他们支援简大狮。

11日凌晨，日本军警联队开始攻击北山义军。

凌晨2点起，殖民当局金包里支署警察、巡查与讨伐军队一同出动，前往“视察”修路工地。首先到达位于南势湖庄的简大狮所属第八工地。由于日军讨伐的消息已经传开，修路义军在工地四周点燃火把，加强警戒。日本军警到达后，军队先包围工地，警察则进入工地内。看到日本警察闯进工地，前哨义军挥刀阻止。因工地上不准带枪做工，所以义军手里没有枪械，只有台湾刀。日本警察因担心会误伤外围的军队，没有开枪。义军挥舞台湾刀，日本警察则拔出刺刀，双方激战10余分钟，义军不敌，陆续撤退。撤退时遭遇包围军队的射击，牺牲13人，其余突围，向第七工地退走。第七工地的义军从败退下来的义军那里得知日军进攻的消息，均退往第六工地，准备与该工地的义军联合抵抗日军。日本军警到达第七工地，见已无人，继续开到第六工地。聚集在第六工地的义军激烈抵抗日本军警，战死9人，向第五工地败退。第五工地义军闻日军攻来，与败退的义军一同退往冷水窟附近，利用该地的地形阻击日本军警。日本军队与警察队分成两道，警察队攻击义军侧面，军队则攻击正面。义军遭遇两面夹击，抵抗不支，战死一人，向草山庄退走。此时已到中午，道路工地上的战斗基本结束。日本军警派出 8 名警察、8 名兵士，前往草山庄派出所联络。其余军警当晚露宿在冷水窟。12 日凌晨，前往联络的 16 名军警归来，与冷水窟的军警会合，一同回到金包里支署。这次战斗，义军阵亡 39 人。简大狮部下小头目第八工地监督简冬和第六工地监督吴启贤也在战斗中身亡。义军损失枪支 12 杆、子弹 1300 余发和若干台湾刀。日本军警也有两名巡查负伤。

在简大狮居住的烧焿寮附近，11 日凌晨 5 点，日本军队、宪兵队、警察队联合围攻水尾庄。由于实力悬殊，该庄义军无力抵抗，向坡角附近撤退。早晨 6 点，大牛稠庄附近的义军遭到日军联队的攻击，战斗进行 1 小时，义军英勇抵抗，打伤日军 3 名，义军阵亡 10 人，终究不敌，撤往山脚庄。12 日上午，五指山的义军 50 余人攻击日本警察数人，激战 2 小时，义军战死 3 人，受伤 1 人后撤退。13 日，山员谭庄义军 100 余人遭遇大嵙崁守备队攻击，抵抗不支而撤退。

在武器精良，训练有素的日军联队攻击下，手拿笨拙武器的义军根本无法抵抗。战斗一开始，义军就节节败退。败退下来的义军，三五成群，穿越外围警戒线时遭遇日本军警的堵截。义军战士不愿投降，视死如归，英勇抵抗，战斗到生命的最后一刻。11 日，仅在大坪庄派出所管区内，为冲出日军警戒线而遭杀害的义军就达到 67 人。可想而知，其他派出所管区内被杀害的义军也不在少数。

为避免牺牲过大，11 日上午 9 点，简大狮命令属下部队，向适宜地方撤退。简大狮本人在当天上午率领队伍坚持战斗两小时。眼看形势不利，经由烧煉蘩后山向金包里方向撤退。

简大狮部下詹番、陈活源（即陈总理）和秦炉鱼按照既定的部署，组成联合军队，在三角湧、大嵙崁一带同时起事。詹番以虎旗为号，陈活源以龙旗为号，秦炉鱼则以凉伞为号，因此被称为“龙虎伞联军”，总指挥为詹番。12 月 10 日，龙虎伞联军 145 人，携带枪支 120 杆，弹药 4 担（200 斤），到八里份堡树林口举起义旗。然而，武器、训练方面与日军差距太大，在战斗中屡屡失利。

11 日天亮时分，“龙虎伞联军”遭到日军守备队及警察攻击，战死 12 人，负伤 2 人，弹药一担（50 斤）也被日军掳获。“联军”在撤退路上通过海山堡猓仔寮庄时，又一次遭遇日本宪兵及警察队的攻击，战死 4 人，负伤 7 人，其余退往鸡罩山。

树林口起事失利后，“龙虎伞联军”发生了内讧。詹番属下队伍认为此次失利是秦炉鱼不听属下意见，独断专行所致。因此，秦炉鱼于 12 月 13 日在鸡罩山横溪内附近大寮坪地方被处死。

而“龙虎伞联军”总指挥詹番却在庄民家中被射杀。“龙虎伞联军”一部于 12 月 15 日中午，在鸡罩山附近遭到三城守备队的攻击。战斗中义军阵亡 20 人，被迫向大嵙崁方向撤退。21 日凌晨 4 点，为躲避日本军警搜捕的詹番带着 19 名部下，来到新店街文山堡露竹湳庄的张出家。詹番前去敲大门。张出起身开门，看见身披红毛毯的大汉站在门前。詹番带着两名部下首先进入屋内，说：“我们是简大狮部下，我叫詹番。因为不堪饥饿，想在你这讨顿饭吃。等下还有人来，请给我们准备 20 人的饭菜。至于价钱怎么算都没关系。”詹番性情憨直，不加防备地说出姓名，暴露了自己的身份。

张出一听是詹番，知其为“匪首”，心想虽然此人是抗日志士，但如果放走他，自己将落个“与匪同罪”，思量片刻，最后决定还是干掉他为妥。张出一方面令家人准备饭菜，另一方面密告甲长、牌长和邻居。不久牌长郑圳和邻居苏明赶来，同时召集庄民前来。詹番听见屋外有人喧哗，心生疑虑。

“我们不吃了。”说完，詹番立即起身往外走，想着赶紧离开这里。这时，早已躲进屋内石垣中的张出在詹番等人刚走出家门时从背后开枪，詹番应声倒地。詹番部下见此情形，连忙向屋内开枪射击。张出、郑圳、苏明等人关门对射。这时，全庄惊动，庄民陆续赶来。詹番部下见势不利，纷纷撤离。

“龙虎伞联军”的另一位首领陈活源相传于12月13日就已经战死，但日本军警始终没有找到他的尸首。事实上，陈活源在战斗中并未身亡，而是头顶被流弹擦伤。兵败以后他使出金蝉脱壳之计，化装为乞丐，头戴乌毡帽，身穿黑色破旧衣服，躲过日本军警的搜捕，于12月末秘密渡海赴厦门。

这次简大狮、卢锦春领导的抗日起事，除了简大狮及其部下詹番、秦炉鱼、陈活源和道路工地的义军英勇战斗外，其他义军首领刘简全、林豹成、林清秀、王猫研均受到日方的严密监视，未能进行任何抵抗。13日，简大狮部下林清秀收到了简大狮的信函。林清秀眼看大势已去，为自身安全考虑，将信函立即上交到士林殖民支署长。然而，士林支署将林清秀当场扣押，并送到台北县警察部。16日，台北县警部长矶部亮通审讯林清秀，认为林清秀对简大狮起事早有所闻，却没有及时上报。矶部决定让林清秀的父亲探查简大狮的下落，查到简大狮的行踪才放他回家。

此次日本军警讨伐北山时，简大狮部下当中只有陈汉当时在士林街，因此逃过一劫，没被牵连。

自从11日凌晨夜里北山讨伐枪声一响，各工地的义军四处逃散，修路工程陷入停顿。到13日，只有刘简全的部下数人来到工地，占据了原简大狮管理的第三工地事务所。讨伐结束后，日本当局发布通告，召唤工人回到各自工地复工。

到15日，简大狮部下15人、王猫研部下32人、林豹成部下59人、刘简全部下15人先后回到工地。其中简大狮部下15人是陈汉所属部下。到1899年1月，简大狮、林清秀部下陆续归家，并向所属各殖民办务署自首，其中受到行政处分的有117名。殖民当局将简大狮、林清秀部下分给其他首领管束，其中67名由刘简全、16名由王猫研、34名由林豹成分别接收，继续从事道路工程。

避开搜捕，亡命厦门

北山讨伐后，日本军、警、宪全力搜索简大狮。简大狮巧妙避开日军搜捕，约于12月20日来到五指山上名为双蛤水的地方，潜住在阿旺家。阿旺是一位50多岁的老夫，广东人，在双蛤水经营杂货店。简大狮虽不善于广东话，但阿旺却懂一点台湾话，因此交流上还算方便。为安全起见，简大狮尽量不出门，身边只有亲信陈西陪同，负责对外联络。

1899 年元旦，陈西外出，在新庄仔庄附近名叫波角的地方见到了正在去往该庄陈赤牛家的陈阿来。陈阿来是简大狮的部下，也称陈金桂，或称陈粤，住在海山堡三角湧阿南坑庄。陈阿来在 1896 年年初三角湧义军起事后，被日本军警视为“土匪”，因此离家潜匿，前往基隆，在八堵煤矿做工。其后回到三角湧，在番仔寮从事制茶业。后又进入新竹南庄制脑场做脑丁。1898 年 4 月，陈阿来离开新竹制脑场，一段时间寄宿陈秋菊家，后来到北埔五指山从事制脑业。同年七八月间，到台北北山烧焿寮，通过陈西的介绍，投靠了简大狮。

陈阿来见到陈西后，立即打听简大狮的下落。陈西并未立即告诉他，而是把他带到阿旺家，与简大狮会面。大狮见到部下非常高兴，陈阿来也激动得哽咽难语。3 天后，简大狮派陈阿来到新庄仔庄陈赤牛家，告知自己的藏身之处。第二天，陈赤牛与陈阿来一同回到简大狮住处，探讨以后的打算。陈赤牛想要开垦大嵙崁蕃界阿姆坪地方，简大狮表示同意。陈赤牛又顺着话风，劝说简大狮重新请求“归顺”殖民政府，以便一同从事开垦事业。简大狮考虑片刻，看着陈赤牛和陈阿来说：“你们俩商议，先设法在开垦地待上两三个月后再说。”

过了两天，陈阿来又到陈赤牛家，商议简大狮重新“归顺”的事。陈赤牛说：“这事须要与仇联青商议。不过，现在这只是口头上说说而已，还需要书面证据”。陈阿来回到简大狮处，将上述意思一一转告。

简大狮在双蛤水逗留了一个月。其间，殖民当局一直在搜查他的行踪。简大狮认为这里非久留之地，还是到厦门躲避一段时间，观察形势，再做打算。1 月 19 日，简大狮与陈西、陈阿来一同出发，当天晚上来到坪顶庄。因为到庄时已经晚上 9 点，并且该庄没有旅店，所以只能找一人家住下。但是，简大狮认为这里人多眼杂，如果找个认识的人家住下再好不过。陈阿来立即想起四五年前来此地割稻时认识的雇主黄福寿。黄福寿家住在离坪顶庄不远的中港厝庄。

为避免走漏风声，3 人以做佃农的名义投宿黄福寿家。简大狮和陈西均采用化名，并穿了一身破烂浅色衣服。晚上商议做佃农的事情，但没有谈妥。陈阿来带来的两个“佃农”黄福寿都不认识，陈阿来介绍时也都用了两人的化名（简大狮化名为李全）。第二天，即 20 日，陈西与陈阿来二人前往沪尾，到道格拉斯英国洋行打听前往厦门的船班，得知 21 日就有船要出发。二人回到黄福寿家，等到夜深人静之时，简大狮写下了发给郑文流及陈赤牛的书信，并告诉陈阿来：“我本想要去拜访暗坑的陈骞，但陈骞有些信不过，所以后来就不去那里了。以后我想去厦门待一阵子。这封信等到我出发后两三日再送出吧。”简大狮将书信递给陈阿来，并特别强调：“请转告郑文流和陈赤牛两兄台，一定要保密。”陈阿来眼眶含着泪水，接过书信，连连点头。

21 日早晨 7 点，简大狮、陈西二人从黄福寿家出发，陈阿来将二人送到河边乘坐小船。路上简大狮嘱咐陈阿来：“万一我乘船不成，将会再回到五指山双蛤水的阿旺家。所以如果有事，就到阿旺家找我。”3 人走到狮仔头庄的一个名叫州仔尾尖的小地方，碰巧陈阿来的相识张金声在河边捕鱼。陈阿来前去打招呼，并说：“这两个人要去沪尾，请你让他们搭你的船去吧。”张金声与陈阿来是六七年前在三角涌番仔寮一起采茶时认识的，也不算什么熟人。

张金声有些犹豫，回答说：“我正在捕鱼，这是我糊口的生计，不行啊。”

这时，简大狮上前问道：“你这样捕鱼一天能赚多少钱？”

张金声答：“三四十钱吧。”

简大狮说：“那我给你四十钱，咱们这就走。”

就这样谈妥价钱，简大狮与陈西上船前往沪尾，陈阿来则回到了自己家。在河边临别前，简大狮对陈阿来交代说：“我走后你去告诉郑文流和陈赤牛，一旦在大嵙崁方面开始开垦后，要立即通知厦门。”陈阿来抱拳说：“大人放心，我记住了。”

中午 12 点过后，简大狮和陈西二人到沪尾的小蒸汽船停泊场靠岸，陈西先上岸去买票。简大狮将苦力们穿的破烂浅色衣服脱掉，留给船主张金声，更换了一身黑衣服。这时陈西回来，二人沿着河岸快步走向汽船栈桥，进入船舱。下午1点半左右，汽船启动，简大狮和陈西二人这时才松了一口气，庆幸未被日本侦探发现。可是，神情沉重，这一别不知何时才能重返故土台湾？抗日大计屡遭失败，日后如何维持？留在台湾的抗日义友们，他们的下场如何？自己如何对得起死去的弟兄？简大狮脑海里一时没了头绪。

陈阿来回家后的第三天（23日），到陈赤牛家，当面交给了简大狮的书信，并在那里住了下来。陈赤牛开始为简大狮重新“归顺”的事情奔走。他一直认为，只有仇联青才有可能办好这件事。第二天中午，陈赤牛前往仇联青家里。谈话间，陈赤牛将陈阿来与简大狮的关系透露给仇联青。仇联青是何许人？他是日本殖民当局与义军首领之间的联系人，实际上是日本当局的密探，专门探查义军的行踪。仇联青立即派人将陈阿来的行踪密告日本警察。日警迅速赶到陈赤牛家，逮捕了陈阿来，并押送到台北县警察署。陈阿来被捕后，遭受日本警察残酷的刑讯逼供，于1899年2月13日心脏病突发而死。

05 退居大陆，志仍抗日复台

派遣陈西，探查台情

简大狮回到大陆 先在厦门住下一段时间后回到故里漳州，暂住杨老巷的简氏祠堂。简大狮的部下赖乾、高扁、徐鹿、刘恋、刘成等人也辗转渡海，先后来到厦门。后来又到漳州，与简大狮会合。

简大狮密渡大陆以后，他的种种传闻在台湾流传开来。简大狮的抗日事迹在民间广为传颂，给台湾人民留下了深刻的印象，也时时触动着日本殖民当局的神经。台湾各地每当有抗日事件发生，都传言简大狮已归台坐镇指挥战斗，等等。每当关于简大狮的传言一起，日本殖民当局就动用大量警察和密探到处侦查。为避免被刺探发现，简大狮很少抛头露面，住处也在厦门、漳州等地不停地变换。

1899 年 4 月，简大狮秘密赴上海，刺探俄国有无可能帮助中国收复台湾。同时派心腹陈西回到台湾，联络各义军首领的同时探查台湾形势，以做重回台湾的准备。4 月 23 日，陈西秘密回台，与卢锦春、刘简全、林老赤商议筹措资金事宜，并刺探当地情况。5 月 14 日，陈西到士林街拜访简大狮部下刘简全，又于 21 日到芝兰一堡双溪坪顶庄拜访林老赤，商议筹钱事宜。经过历次抗日武装起事被镇压，台湾的义军首领大多数对抗日前途已心灰意懒，不抱希望了。陈西的筹款努力也无多大进展。此间，卢锦春托陈西送给简大狮 50 元，全然当作生活上的补助，而不提抗日事业的资助了。

简大狮行侠好义，在台湾时，常为他人垫付资金。密渡大陆之前，简大狮也将一部分资金存于可靠朋友之处，以备东山再起。6 月 7、8 日，陈西到芝兰一堡士林旧街曹子癸处取回简大狮离台时寄存的 400 元。之后陈西一度滞留在石碇堡十份寮坪溪仔庄。陈西这次回台，也带来了简大狮写给欠款人的催款信函。他将其中的两份催款单交给简大狮的老部下蔡龙，让他转送到欠款人手中。陈西自己则隐避在北山，尽可能避开日本当局的眼线。这两封催款信函是分别写给何固、何贵二人和高炎的。其中一封写道：

先前代垫金内不论多少，请立即将两三百元交付陈西，其余伺机再还无妨。各大哥归淡（指淡水），待小生归淡后再处理。

何固、何贵两位　已三月十四日　印（简大狮）

何固、何贵两人住在沪尾。6 月初，蔡龙将两份信函交给李过枝。李过枝是简大狮胞兄，又名李水元，在简大狮北山起事失败后一度被日本殖民当局被捕。台湾总督府对简大狮事件调查完后，于 1899 年 5 月 5 日，李过枝才获准归乡。李过枝获释后的一段时间住在宜兰厅本城堡宜兰本门街。为维持生计，5 月 26 日前往台北县大稻埕稻新街仇联青处做苦力。

李过枝将两封信函又托付给了仇联青。他全然不知仇联青是台湾日本殖民当局最为信任的密探。因此，陈西来到台湾的消息、两份催款单和催款单中透露的所有消息，包括“各大哥归淡，待小生归淡后再处理”等简大狮将要回台的信息全部被日本当局掌握。

陈西回台后，宣传日本当局的种种弊政，说总督府实施的地方税收政策和对盐业、樟脑业的专卖制度导致了人民失去生计，生活困苦。一次他与士林街大夫曹子癸谈话时说道：

……观看对于日本政府与清国政府之人民情况，原本清国政府之时未征收税金等费用，人民一般皆好过日。日本政府颇抽税金，人民生活实在难保，益加陷入穷困，且探查一般人民之内情，皆不服日本政府之处置。故此际再招募义军，杀掉日本官吏，烧毁官厅，以图谋台湾人民之利益。首先，自己归台，接着本年六七月简大狮亦将归台。简大狮现在上海，专注于筹划中。且自己随即赴艋舺，游说锡口地方，此话千万勿与他人说。

……

但是，陈西所交代的“此话千万勿与他人说”的内容，统统传到了日本当局耳中。6月17日，台北县警部长矶部亮通函示水返脚办务署长木下坚良：“陈西逗留于石碇堡十份寮平溪仔庄某处，并放出种种谣言，请严密搜索并逮捕之。”18日，又通知坪林尾支署长涩谷助五郎，调查陈西行踪。21日，再次函示木下坚良：“获谍报谓：陈西潜伏于石碇堡楫仔寮庄苏花处，请严密搜索并逮捕之。”但是，水返脚办务署和坪林尾支署均未探知陈西的行踪。

陈西的处境变得越来越艰难。最让陈西失望的是，台湾的义军各首领对抗日大业的信念已大不如往日的坚定，多数已不抱希望了。陈西在想，与其日夜躲避日本警察，不如主动“归顺”，取得合法身份，再作打算。7月12日，陈西主动向水返脚殖民办务署自首，随即获准“归顺”。“归顺”后陈西并未放弃抗日活动，利用合法身份，经常与卢锦春等义军首领往来。然而，陈西“归顺”后仅过 12 天，日本殖民当局展开了一次“擒王行动”，卢锦春、陈西等人均被捕入狱。1899 年 11 月 15 日，台北地方殖民法院判处陈西死刑。21 日，在台北殖民监狱署，陈西英勇就义。

同志殒殁，返台无望

在台湾北部武装抗日意志最为坚定者有二人，一为简大狮，一为林李成。林李成比简大狮大 10 来岁，是简大狮非常敬重的抗日领袖。林李成是清朝时期的秀才，当时在基隆经营数处金矿，在基隆、宜兰一带很有名望。日军侵占台湾的第一年，即 1895 年年末，林李成组织了台湾北部大规模的抗日起事，成为台湾北部抗日义军首领。简大狮第一次抗日起事就是在林李成这次联络下进行的。后来，林李成坚持抗日，组织了数次抗日大起事，因此成为日本殖民当局的重点消灭对象。1897 年

1月，林李成潜渡厦门，躲避日本殖民当局的追捕。

简大狮与林李成在抗日问题上可谓志同道合，意志坚定，两人书信往来不断。1899年1月，简大狮潜赴厦门后，与林李成数次面谈，分析局势，商讨抗日大计。1899年6月，林李成重回台湾，自称“台湾义民总统”，在各义军首领中游说，揭露日本殖民统治的残暴，号召台湾人民继续抗日起义。

不过，随着日本在台殖民统治的稳定和加强，各地抗日义军的处境越来越艰难。1899年年初，台北县顶双溪殖民办务署辖区内开始实施联庄保甲制。顶双溪一带联庄保甲局的副局长为曹田，他原本是林李成麾下的义军头目，后来1896年10月投降日本殖民政府。曹田投降后积极配合日方，多次破获义军驻扎地点，成为有名望的密探，深得日本殖民当局的信赖。此次坐上顶双溪联庄保甲局副局长的位置，掌握了各街庄保甲、壮丁，其势力与声望均有大增。这位昔日的林李成部下，卖主求荣的曹田，在捕杀林李成的行动中充当了日军的马前卒。

1899年6月23日，林李成秘密从大陆回到台湾，潜伏在三叉坑地方。7月5日，蔡焕与王秋煌一同前往三叉坑与林李成会面，告知台湾的目前状况并筹划抗日大计。临别时，蔡、王二人特别嘱咐林李成，三叉坑并非久居之地，劝他迁离。为避开日本警察及其耳目，林李成频繁变换住所。

6月中旬，顶双溪殖民办务署就已截获林李成发给卢阿野的书信，掌握了林李成就在6月回台的情报。卢阿野即卢锦春，是林李成部下，于1898年8月“归顺”，后受日本警察的严密监视。这次与林李成的通信不幸被殖民当局截获。在确定林李成已渡台以后，台湾殖民当局立即制订了诱出林李成的计划。为避免打草惊蛇，殖民当局决定利用王秋煌、蔡焕等人诱出林李成，同时也强调不排除“临机之断然处置”，即必要时可直接击毙林李成。

林李成回台不久，即7月7日，林李成部下黄连枝在基隆辖内九份山被捕。黄连枝为宜兰人，长年跟随林李成左右，负责处理日常事务，后随林李成逃往厦门。这次林李成回台，黄连枝仍跟随左右。

黄连枝被捕后装作耳聋，对日本警察之讯问一概不答。基隆办务署大致审讯后，决定立即移送顶双溪办务署，令两名巡查护送。7 月 7 日下午 1 点 30 分，两名巡查带着黄连枝由瑞芳出发。途中黄连枝想尽办法脱险，一会儿请求喝水，一会儿说肚子疼，或要小便，以此拖延。下午 3 点 10 分，走到三貂岭山麓的九芎桥庄与猴洞庄交界时，黄连枝趁着护送巡查不注意，断开绳索，从荆棘茂密的小路逃走。日本巡查追赶不及，遂开枪射杀。

黄连枝的被害对林李成产生了很大影响。此后，林李成更加小心，行踪更加隐蔽。由此，水返脚办务署主导的诱出林李成计划胎死腹中。不过，林李成始终坚持抗日，意志非常坚定，即使没有黄连枝被杀案，这次诱出计划也无多少成功的可能。

1899 年 7 月 17 日，林李成在宜兰礁溪后方的三份字头山中接见部下王石头。王石头说，有人鉴于抗日运动的艰难处境，劝林李成“归顺”。林李成告诉王石头：“有人劝我‘归顺’吧，但谁要投降日本政府？我现在要举大兵和日本作战，今年十月俄国军舰将会驶来支援我们，你们也要振作起来。”的确，林李成回到台湾后，劝他“归顺”的人很多，但他一直不为所动，反而揭露日本殖民统治的残酷和黑暗，鼓励各义军首领继续抗日。

林李成渡台后，简大狮渡台的传言再度兴起，使日本殖民当局一时颇为紧张。为第一时间掌握简大狮渡台的情报，殖民当局在台湾各港口都派出了密探。在沪尾马头，派出水返脚办务署密探何水龟和沪尾办务署一名巡查一同侦察。7 月 9 日下午 1 点，道格拉斯公司汽船“海澄号”入港。此时，有人从船窗眺望岸边，何水龟立即认出这人是与简大狮相识的林红捷，以此判断或许简大狮也在船上。何水龟和日本巡查立即上船搜查，但未发现简大狮。他们只将林红捷逮捕讯问，仍未查出任何消息，只好将他释放。

日本殖民当局加强了沿海各港口和各村庄的探查和监视。其中有一人，即前文提到的何水龟，原为卢锦春部下，1897 年 8 月，何水龟跟随卢锦春一同投降殖民政府。此后，何水龟成为台北县警察部密探，专门侦察“归顺者”的行踪。卢锦春与林李成、简大狮之间的秘密联络也被何水龟探知。约于7月20日，有人携带卢锦春、林李成的密函，渡船至厦门简大狮处时泄密而被扣押。因此，卢阿野等人联络林李成、简大狮的证据被日本当局掌握。这些都是何水龟密报的结果。21日早晨，台北县警部长矶部亮通与景尾办务署长冈田宜寿，决定展开一次“擒王行动”，抓捕对象除卢锦春外，还包括王秋煌、林庆、卢波等14人。

卢波是简大狮的密使，负责简大狮与卢锦春、林李成之间传递书信。7月22日，卢坡携带卢锦春等人书信，欲搭船回厦门前往简大狮住处。何水龟探知此事，立即通报日本警察。由于何水龟认识卢坡，因此水返脚办务署第二课长警部向山仙吾带着何水龟一同前往淡水，搜捕卢坡。其实，卢坡是能够逃脱的，但不幸的是，22日风雨太大，前往厦门的汽艇延期，卢坡未能如期出港，只好滞留在大稻埕。何水龟与向山仙吾找到卢坡，将其扣押，搜查全身，但未找到任何密函。

为展开“擒王行动”，日本警察、军队一同出动。7月24日凌晨，日本军警在水返脚境内的各村庄逮捕了卢锦春、王乌印、萧扁头、蔡水圳、萧清福、王士恭、陈西等义军骨干人员。此外，萧清福、蔡龙因抵抗日本警察的抓捕而惨遭杀害。陈傅于23日夜晚在台北被捕，卢坡也于25日上午在大稻埕被捕。

被捕人员情况：

姓　名	身　份
卢锦春	“归顺”首领
王乌印	卢锦春部下，小头目
陈　傅	卢锦春部下，小头目
萧扁头	卢锦春部下，小头目
蔡　圳	卢锦春部下，小头目
萧清福	卢锦春部下，小头目
王士恭	卢锦春部下，书记
陈　西	简大狮部下
王石头	原林李成部下，“归顺”小头目
吴　生	林李成部下
林　寿	林李成部下
卢　坡	简大狮密使

日本军警的“擒王行动”中，阔濑庄的义军头目林庆和另一位“归顺”头目王秋煌得以逃脱，幸免于难。“擒王行动”结束后，日本殖民当局并

未发现所谓简大狮的密使卢坡携带的林李成、卢锦春及王秋煌寄给简大狮的密函和卢锦春密藏的一批军火。

卢锦春等义军大小头目被捕后，背叛义军并出卖昔日首领卢锦春，甘愿作日本殖民当局密探的何水龟也得到了应有的下场。7 月 29 日，大功告成的何水龟从大稻埕乘坐火车返回水返脚。8 月 1 日下午，何水龟在水返脚蔡焕家吃饭，突然门口有两人闯入，屋里有一人窜出，一边骂何水龟为害死首领的奸人，一边以日本刀劈下何水龟，先后砍伤 13 处，然后迅速逃离现场，潜入山中。何水龟当场毙命。此 3 人是卢锦春部下陈阿匏和卢之从弟卢海和卢甚。

日本殖民当局的密探何水龟为何死于蔡焕家？蔡焕是石碇堡石底区区长。起初义军首领陈秋菊、卢锦春“归顺”后双方因地盘问题起冲突，双方都设置防卫线武装对峙起来。附近的民众人心惶惶，纷纷逃避。1898 年 9 月，水返脚办务署长木下贤良和石碇区区长蔡焕从中调解，平息事端。

林李成再度来台后，1899 年 7 月初，由水返脚办务署长木下贤良执行诱出林李成的计划，而该计划的主要执行者就是蔡焕。他与“归顺”的王秋煌、林庆及林李成亲信黄连枝一同奉殖民当局之命劝诱林李成出面“归顺”。但后来该计划因黄连枝的死亡而胎死腹中。

7月24日凌晨，日本军警的“擒王行动”结束后，蔡焕受水返脚办务署委派，当天上午到各工场安抚卢锦部下，并加以监督。以上情况说明，蔡焕深得水返脚办务署长木下贤良的信任，并被视为维持殖民统治秩序方面值得依赖的地方精英。

然而，7月下旬，基隆堡的一位区长吕九和瑞芳店支署巡吏颜云年向瑞芳店支署长警部熊谷纲介密报蔡焕在收容义军。7月27日报纸也刊载蔡焕秘密与林李成联系的消息。但是，水返脚办务署长对蔡焕深信不疑，将上述情报均视为谣言，并通过台北县殖民政府强行要求报馆纠正“不实”报道。

不过，8月1日何水龟在蔡焕家被害一事使水返脚办务署及台北县警部对蔡焕心生疑虑，并调查他当天的行踪。8月3日上午11点，蔡焕到水返脚办务署，说明何水龟被杀时不在家的原因，并对未报告而外出一事表示歉意，申明今后必定恭谨地为官厅尽力。其后蔡焕奉木下贤良之令，劝诱卢锦春部下回到原工地，继续从事道路工程。到8月11日蔡焕成功劝诱40人回到工地。

即使如此，也无法消除木下贤良已经对蔡焕产生的怀疑。8月12日，木下带队清剿辖区内抗日义士。为观察蔡焕的行为，木下贤良特意安排他参与此次行动。蔡焕在途中却突然失踪，第二天才现身。木下贤良认为蔡焕有通风报信的嫌疑。对此，蔡焕辩解说:“昨夜10点多从平溪仔庄回家了。”但这显然不能消除日本当局的怀疑。此后，日本警察更加严密监视蔡焕的一举一动。

8月16日，瑞芳店支署长警部熊谷纲介探查石碇堡后也怀疑蔡焕藏匿义军。8月18日，基隆办务署的报告也显示出对蔡焕极不信任。此时台湾殖民总督府也获得对蔡焕极不利的情报。

9月25日至10月3日，日本军警在顶双溪辖内联合进行“大扫荡”。日本军警通过被捕者的口供得知，“通匪之事”牵连到石碇堡许多小庄长，而这些小庄长都是受区长蔡焕指使行事的。由此，水返脚办务署已经掌握了蔡焕“罪状”的证据。10月14日下午3点，水返脚办务署将蔡焕夫妇收押，并移送殖民法院。1900年8月9日，殖民法院判处蔡焕死刑。23日，在台北县监狱署执行死刑。蔡焕临刑前，典狱问有何遗言，他摇头以对。蔡焕的神情并无丝毫狼狈模样，从容赴死。

日本占领台湾的初期，蔡焕在石底区一呼百应，各小庄长唯其马首是瞻，是水返脚办务署长木下贤良所倚重的人物，并视其为官民沟通的桥梁。蔡焕除协助日方执行对义军的策略外，也是该办务署的匪情报告人，可谓该区域内日本殖民当局的主要密探。

但同时蔡焕也是卢锦春部下，效忠林李成并坚持致力于抗日大业。以职务便利，他得以探知日本殖民当局的行动并预先告知义军防范，以致日警在该区内讨伐搜查行动屡遭失败。自卢锦春被捕以来，水返脚附近义军处境困难，因此蔡焕又于9月14日命令水返脚办务署第十一区辖内各庄长，应尽力帮助义军。

又如何水龟这般日本警察安排在抗日阵营中

的卧底密探，其身份可谓神不知鬼不觉，若非蔡焕假装为其同路人，又岂能得知其真实身份而设计除掉。若非通过基隆堡吕九等人的情报系统，蔡焕有可能在他管辖区内继续收藏林李成的抗日队伍，并伺机给予殖民当局出其不意的打击。蔡焕可算是抗日阵营在日本官厅内的卧底，是一名出色的双面间谍。

义军首领及骨干人员的先后被捕，使林李成更觉孤立无援。1899 年 7 月下旬，日本军警大肆开展“擒王行动”时，林李成潜伏于阔濑庄、豹仔𡑞、中坑庄、尖山湖、石底、顶双溪、草岭庄、芊蓁林等数十公里的范围内，每一两日就更换住所，躲避日本警察的搜查。

九十月间，仇联青和郑文流接连致信林李成，劝他早日“归顺”殖民政府。但是，林李成的立场非为“归顺”，而是订立和约。也就是说，在与日本平等的立场上订立和约，并要请出英、德两国公使作证。林李成在写给仇联青的书信中提出订立和约的条件。这些要求当然不会得到殖民当局的允准。

与此同时，林李成的处境变得越来越困难。林李成起初逃往厦门的时候，因为他是抗日领袖，在台湾有很多追随者，所以在厦门也享有很高的名望，受到人们的推崇与帮助。后来虽然长期从事抗日宣传与筹备，但均无显著的作为，因而逐渐被冷漠，影响及声望大不如前，生活上也陷入困境。1899 年 6 月来台以后，游说各路义军首领重举抗日大旗，但遭到曹田等一部分首领的反对。徐禄、陈秋菊、林火旺等人也无心再起事，只是见机应付林李成而已。7 月下旬，行动较为积极的卢锦春、王石头等 10 多位首领在日本军警的“擒王行动”中要么被捕，要么被杀。

此时，日本殖民当局获悉林李成只带着大儿子林阿祥潜伏在文山堡厚德岗坑庄所辖藤寮庄的岩窟内。11 月 5 日，与林李成保持联系的义军小头目董谦英被日本警察逮捕，供出林李成的藏身之处。

掌握林李成住所的日本军警立即展开抓捕行动。11 月 7 日上午凌晨，基隆办务署顶双溪支署的警察、巡查 8 人与顶双溪守备队士兵 12 人，附带该署雇员曹田及壮丁 7 人，以董谦英带路，前往搜查文山堡虎尾蓁潭所辖大湖桶庄，发现并逮捕了潜伏在该处的林李成部下林阿呆和对外联络人郑传。日本军警驱使林、郑二人与董谦英一同带路，继续搜索。当天晚上日本军警借宿在大湖桶庄的民家，并准确探知林李成住在距离该庄原义军首领郑文流家约 2 公里的北方番薯股沟庄的山顶小屋内。11 月 8 日清晨，日本军警到郑文流家调查，但郑文流断言林李成绝对没有潜伏在庄内，以保护林李成。军警又诘问董谦英及郑传。没有骨气的董、郑二人哆哆嗦嗦地说道:“如果告发林李成的住处，我们必定都会被杀害，所以一直到昨天为止都没说出实话，但实际上就潜伏在先前说的地方。”因此，军警继续搜查，到达距离山顶小屋一里地时带路的郑传说:“从这里往前就有‘土匪’，因此我们不能去了，林李成就在这个地方，请大人先行。”日本军警继续前行，果然发现了一座小屋。日本军警到达小屋时，屋内却空无一人，但从起卧用餐的痕迹来看，屋内的人刚刚离开。军警继续在小屋附近的草丛中搜查。

确实，林李成带着儿子在郑文流的保护下住

到山顶小屋，身边有伙夫林阿皮，还带着部下10余人，在住处周围一二里处巡逻。此处是厚德岗坑庄最高山顶的一处小平地，只有二亩大小，四面以溪流和断崖阻绝，草木茂密，东边只有一条崎岖的陡坡小路通往山下。林李成自己住在小屋，而把往来信件藏于另外隐蔽处，以防日本军警查获。

8日早晨，已经探知日警要来搜索山顶的林李成，带上银制双盖怀表，拿起枪支上好子弹，一手握着九连发短枪，一手拿着六连发短枪，让儿子拿着七连发短枪，在卫兵的保护下离开小屋，潜伏在草丛中。林李成清楚地看到日本军警在草丛中各处搜索，正向自己逼近而来。这时一位部下向日警开枪，未中。日警继续前进。义军开始射击，击伤一名日本士兵。此时，日本军警已发现义军的具体位置，并猛烈开火。战斗持续半小时，林李成胸部、腹部中弹倒地，其儿子头部、胸部也中弹，倒在了父亲身边。伙夫林阿皮腿部中弹，投降日军。其余义军见首领中弹，四下退散。

两具尸体被日军发现，并由曹田辨认，确定是林李成父子。日本军警带着林李成的尸体和林阿皮回到小屋。在日军的逼问下，林阿皮供出了林李成身边的义军姓名，并带着日军前往小屋前方三里处的山中，找到林李成藏匿的印信及往来书信。

林李成、简大狮二人可谓不折不扣的抗日志士。他们在抗日形势越来越困难的情况下，仍坚持联系各地义军首领，予以支持和鼓励，并常常利用外国增援的传闻重新点燃台湾人民对抗日运动的希望。除此之外，林李成还试图借用民间信仰来号召人民抗日。

林李成死后，1899 年 12 月 16 日，另一位抗日义军首领，同年 7 月被捕的卢锦春也被判处死刑，于 21 日执行。林李成与卢锦春的相继被杀，使台湾北部的武装抗日运动遭受致命打击，也使台湾的人心发生了重大变化。以往，人民对抗日义军抱有希望与同情，不忍以“土匪”看待。但此后，人民对义军的监视越来越加强，并向殖民当局密告义军行踪，义军几乎陷入四面楚歌的境地。在厦门密切注视台湾抗日形势的简大狮，得知义军首领们相继被害，感到台湾抗日前途渐趋渺茫，重返台湾组织抗日运动已无大可能了。

06 故里被捕，在台就义

密切关注台湾局势的简大狮得知卢锦春等 10 余名义军首领及骨干人员被捕的消息后，悲痛万分，一度灰心丧气。他与部下赖乾、高扁、徐鹿、刘怨、刘成等人经常聚到一起，商议将来的行动计划。就在简大狮及其部下束手无策的时候，中国大陆北方的义和团运动兴起。

1899 年秋季的一天，简大狮看到了义和团“大征同志”，准备恢复台湾的揭帖。帖子赫然写道：“义和团为天地正气……芟除洋人，歼灭洋教，由北迄南，所向无敌。此次团友数百千人，奉神来此，大征同志。台湾割据，神人所怒，恢复把握，在此刹那。尔等投信，迅来秉兵，倘且迟疑，天刑立至。”简大狮惊喜万分，站在祖国大陆的土地上眺望对岸的台湾，心中的喜悦无法抑制。他想：台湾人民反日斗志未泯，大陆人民又不曾相忘，台湾何愁不能光复。时隔不久，《字林西报》上又登载了义和团的呼吁，其中便有“日本将台湾交还中国”等句。简大狮心里甚感欣慰，急欲找到义和团，共商复台大计。

就在此时，台湾殖民当局筹划以清朝将领刘德杓交换简大狮。刘德杓是安徽人，是清朝派驻台中的守将。刘永福兵败撤出台湾后，刘德杓退居山中，召集散兵游勇，联络各地义军，坚持武装抗日斗争。1896 年，刘德杓传檄出师，进攻台中。日本殖民当局调集兵马，分头阻击镇压。刘德杓率领义军，辗转游击，坚持斗争两年。1899 年，刘德杓被捕入狱。刘德杓是清朝守将，因此日本殖民当局要将他引渡至大陆。这时，台湾殖民总督儿玉源太郎立即想到在台湾武装反抗日本殖民统治的“首犯”，现已退居大陆，居住在漳州的简大狮，并要求清政府捉拿简大狮，“引渡”给台湾殖民政府，就像日本将刘德杓“引渡”给清朝一样。由于简大狮于 1898 年 9 月已“归顺”台湾的日本殖民政府，因此日本殖民政府将其视为日本国臣民。

一天，有两名日本军官到漳州会见道台荣堃，要求协助捉拿简大狮。荣堃不敢怠慢，立即请曹镇台前来密议。曹镇台回到镇台衙门，随即召集左营杨彪，右营何树春，计议逮捕简大狮。

1900 年 3 月 11 日夜，卫内营和城守营两营的红旗亲兵悄悄来到杨老巷，肖海、杨孵、陈港厚、陈元水、盛阿狗等几个大胆的亲兵逾墙进入简氏祠堂的院子里。这时正在树荫底下和几个兄弟聊天的简大狮，因听有声响，转头一看，见几个黑影走过来。简大狮见来者不善，挺身上前问道:“你们是谁？来做什么？”来人回答说:“奉道台命令前来捕拿简大狮。”简大狮答说:“我就是简大狮，我们来自台湾，都是爱国人民，没犯过什么罪，既要找我也好，就上道台衙门理会去吧！”又指腰上的两支手枪说:“我这双枪只打日本人，不伤亲人，请！”

简大狮说完刚要往外走，红旗亲兵一齐扑上，抓捕简大狮。这时，赖乾，高扁等见势不妙，匆忙拉开大门，三两枪打开一条路，奔出杨老巷，越城而去。

大狮被捕后，先押解到镇台衙门，然后移送到道台衙门。经日本军官对照相片，确认是简大狮本人，乃于第三天解往石码，押上“海光轮号”日本轮船，转到停泊在厦门的日本军舰上。

简大狮得知将自己移送给日本殖民政府，在清朝官吏面前愤而言之：“我简大狮，系台湾清国之民。皇上不得已，以台地割畀日人。日人无礼，屡次去我家寻衅，且奸淫妻女。我妻死之，我妹死之，我母与嫂死之。一家十余口，仅存子侄数人，又被杀死。因念此仇不共戴天，曾率众万人，以与日人为难。然仇者皆系日人，并未毒及清人。故日人虽目我为土匪，而清人则应目我为义民。况台湾归日，大小官员内渡一空，无一人敢出首倡义。我一介小民，聚众万余，血战百次，自谓无负于清。去年大势既败，逃窜及漳，犹是归化清朝，愿为子民。漳州道府既为清朝官员，理应保护清朝百姓。然今事已至此，空言无补，唯望开恩，将予仗毙。

生为大清之民，死作大清之鬼，犹感大德，千万勿交日人，死亦不能瞑目。”听着简大狮的慷慨陈词，清朝官吏无言以对。

简大狮被押解到台湾后，日本殖民当局认为他是一位难得的义士，遂欲利诱招降。简大狮毫不动容，最终受尽酷刑，于 1900 年 3 月 22 日，在台北监狱被处以绞刑。

清朝官吏逮捕简大狮，并把他“引渡”给日本一事，引起了民众强烈愤慨。当简大狮在漳州被捕后，道台衙门墙上，出现了一张大幅漫画，对荣道台、曹镇台、何中协等人谋害忠良的无耻勾当，加以羞辱。在简大狮被押上日本军舰出海的第二天清晨，厦门鼓浪屿的升旗山下，发现了一具肚皮剥裂、肠肚外流的尸体。据说是出卖简大狮、向厦门日本领事馆告密的某奸贼。

清末武进士钱振锽，听闻简大狮被害，悲痛万分，作诗曰:

痛绝英雄洒血时，
海潮山涌泣蛟螭；

他年国史传忠义，

莫忘台湾简大狮。

当时报纸上也出现评论说：“台湾义民简大狮为中国争气，为全台争气，此中国最有志气之人。”

图书在版编目（CIP）数据

简大狮 / 张海鹏主编；包德强编著. --北京：学习出版社，2022.11

（中华先烈人物故事汇）

ISBN 978-7-5147-1090-8

Ⅰ.①简…　Ⅱ.①包…　Ⅲ.①简大狮—传记　Ⅳ.①K827=6

中国版本图书馆CIP数据核字（2021）第243336号

简大狮

JIAN DASHI

主编/张海鹏　副主编/赵兴胜　编著/包德强

责任编辑：张　俊　　封面绘画：谢　淼
技术编辑：刘　硕　　内文插图：刘胜军
美术编辑：杨　洪　　装帧设计：壹读闻话

出版发行：学习出版社
北京市东城区崇外大街11号新成文化大厦B座11层（100062）
010-66063020　010-66061634　010-66061646
网　　址：http：//www.xuexiph.cn
经　　销：新华书店
印　　刷：北京中科印刷有限公司

开　　本：787毫米×1092毫米　1/32
印　　张：4.125
字　　数：58千字
版次印次：2022年11月第1版　2022年11月第1次印刷

书　　号：ISBN 978-7-5147-1090-8
定　　价：17.00元